시대정신을 고려한

교직의 철학과 적성

신 창 호

박영
story

머리말

2000년대 들어서면서 언제부터인가, 우리 사회에서 교직(敎職)에 관한 '인성(人性)'과 '적성(適性)' 문제가 진지하게 논의되기 시작했다. 30~40년 전 사범대학에서 교직을 이수할 때만 해도, 교육자는 학생을 향한 '사랑'과 '봉사', '헌신(獻身)'의 화신이었다. 그만큼 스승은 학생뿐만 아니라 사회적으로 존경을 받았고, 성직자에 버금갈 정도로 이 사회에 등불이 되어 시대를 선도하는 지위에 있었다.

그러나 20세기의 막바지에 이르렀을 무렵, 첨단 기술 문명의 진보를 비롯한 다양한 요인에 의해 사회는 급변하기 시작했다. 교육문화도 사회변화 추세에 따라 바뀌어 나갔다. 이전에는 상상하기 힘든 일들도 발생했다. 교육계 전체가 그러한 것은 결코 아니었지만, 일부에서 교사와 학생 사이의 관계가 소원해지고, 교사와 학부모, 교사와 교사, 학교와 지역사회 등 교육을 둘러싼 다양한 사안이 새로운 문제로 등장했다. 이른바 '학교가 무너졌다!', '교권이 추락했다!', '교실 붕괴!', '학생 인권!' 등의 구호성 발언은 이러한 변화 과정에서 파생된 말들이다.

급격한 사회변화와 교육문화의 전환은 교육계에 충격을 안겨주었다. 이에 교육계도 다양한 진단을 하면서 예방과 치료를 모색했다. 이런 현상은 현대로 올수록 더욱 복잡한 양상으로 진행되었다. 그만큼 교육에서 신중하게 고려할 문제이다. 그러다 보니, 2015년 이후에는, 국가적 차원에서 「인성교육진흥법」을 제정하여 교육의 돌파구를 모색하고, 교육의 활성화와 건전화, 정당화를 위한 다양한 차원의 교육정책을 고민하게 되었다.

사범대학을 비롯한 대학의 교원양성 과정도 이러한 차원의 교육 문제를 고려하지 않을 수 없었다. 그 가운데 교직에서 인성과 적성도 중요한 논점이었다. 교사는 정말 학생들에게 무한한 사랑을 베풀기만 해야 하는가? 봉사와 헌신이 무조건적 의무인가? 교직은 '성직'인가? '전문직'인가? 아니면 교사는 '노동자'인가? 교직의 상징처럼 여겨져 온 전통적인 '스승' 개념은 이제 사라졌는가?

분명한 것은, 사회변화에 따라 교직의 의미도 바뀌었다는 점이다. 그렇다면 무엇이 달라졌을까? 아니, 여기 이때, 시대정신이 요청하는 교직의 모습은 어떠해야 하는가?

이 조그만 워크북은 현대적 의미의 교직, 시대에 부합하는 교직, 그에 적절한 인성과 적성은 어떠해야 하는지 고민해 보려는 하나의 시도이다. 내용은 기존에 발표한 여러 논저와 지난 몇 년 동안 고려대학교 <교직적성론> 강의에 활용한 자료를 정돈하였다. 이에 별도의 참고문헌이나 색인을 작성하지 않았다. 참고자료를 제공해준 선학들과 관련 학자들에게 감사한다. 아울러 본 교재를 이용하는 독자들은 인터넷을 비롯한 다양한 '지식 검색'을 통해, 교직의 인성 및 적성과 관련한 내용을 풍부하게 만들어 가기를 권장한다. 그리고 교직을 향한 보다 풍부한 열정을 가꾸어 가길 소망한다.

2020. 2
신창호

차 례

교육에 관한 이해

교육에 관한 이해

1. 동양 전통교육의 핵심

❏ '교육'의 문자적 의미; '본받음'과 '착함'에로의 인도

사회가 급변하면서 인생과 교육에 관한 고민이 깊어지고 있다. 특히, 학교교육(學校教育, schooling)에 종사하는 사람들의 교육에 대한 성찰이 다각도로 진행 중이다. 이는 첨단과학기술문명, 이른바 '컴퓨터 인터넷'으로 대변되는 기기 활용으로 인한 생활의 변혁과 연관된다.

사회문명의 전환은 시대정신(時代精神, zeitgeist, spirit of the age)을 낳고 시대정신은 새로운 교육을 추동한다. 그만큼 기존의 학교교육은 한계를 드러내기 마련이다. 이제 교육은 전통적 학교교육을 넘어 다양한 양상의 평생교육(平生教育, lifelong education)으로 발전해 나간다. 때문에 기존 '교육'에 대한 새로운 개념 정립과 방법을 요청하는 목소리가 높아만 간다. 즉, 근대 공교육이 지닌 긍정적 요소에도 불구하고 부정적 요인들에 대한 교육적 회의가 심도를 더한다. 그렇다면 지식 정보화를 넘어 사물 인터넷, 또 그것을 초월하여 새로운 명칭으로 다양하게 그려나갈 문명화의 길에서, 교육은 어떻게 이해해야 하는가? 이 지점에서 교육이라는 화두가 다시 던져진다.

3

교육 자체가 하나의 목적이자 본질인가? 아니면 삶의 수단이자 도구에 불과한가? 그 특별한 방법은 확립되어 있는가? 동서고금을 막론하고 인간의 일상생활 가운데 교육은 매우 중시된다.

무엇보다도 동양인들의 삶은 유교(儒教, Confucianism)를 통해, 고심해온 측면이 강하다. 유교는 교육을 삶과 일치시키는 동시에 매우 포괄적 의미로 인식한다. 그러기에 '교육(教育)'은 다양한 의미를 담은 개념으로 표현된다. '가르침'을 의미하는 '교(教)'나 '배움'을 뜻하는 '학(學)'을 비롯하여, '회(誨, 인도함)', '훈(訓, 계도함)', '예(禮, 질서화)', '교학(教學, 가르치고 배움)', '교화(教化, 가르쳐 인간 됨으로 인도함)', '학문(學問, 배우고 물음)', '강습(講習, 읽고 익힘)', '학습(學習, 배우고 익힘)', '수신(修身, 몸을 닦음)', '격몽(擊蒙, 어리석음을 깨우침)' 등의 용어를 많이 쓴다. 이는 세계의 상황 변화에 따라 교육의 의미도 열어 놓고 있음을 감지케 한다. 삶의 여러 모습에서 인간 행위가 어떻게 표출되는지를 보여주는 것이다.

'교육(教育)'이라는 말이 동양 고전 문헌에서 구체적으로 보이는 것은 『맹자(孟子)』에서이다. 맹자는 군자(君子, gentleman)의 세 가지 즐거움을 논의하는 부분에서 구체적으로 적시되어 있다. 군자는 교육받은 사람이자 한 사회의 모범이 될 만한 교양인이다. 그런 인간상의 세 가지 즐거움을 '군자삼락(君子三樂)'이라고도 한다. 군자가 갖춘 첫 번째 즐거움은 부모님이 모두 살아 계시고 형제자매가 특별한 사고 없이 잘 지내는 일이다. 두 번째 즐거움은 위로 하늘을 우러러 보아도 삶이 부끄럽지 않고 아래로 주변을 둘러보아도 세상 사람들에게 부끄럽지 않게 사는 일이다. 세 번째 즐거움은 세상에서 인간다움을 갖출 수 있는 영재를 얻어 '교육'하는 일이다. 이 즐거움을 논의하는 과정에서 특기할만한 사항이 있다. 많은 사람들이 선호하며 욕망하기 쉬운 '권력'은 이 세 가지 즐거움에 속하지 않는다는 것이다. 맹자는 세상에서 왕 노릇하며 정치하는 일, 지도자로서 사람들을 지배하고 군림하는 작업은 세 가지 즐거움의 가치 범주에서 제외시켰다.

건전한 인격자로서 군자가 누리는 세 가지 즐거움은 인생에서 주요한 의미를 지닌다. 그 세 가지 즐거움의 하이라이트에 '교육'이 자리한다. 첫 번째 즐거움인 부모나 형제자매에 관한 일은 숙명적이거나 운명적 차원의 성격이

시대정신을 고려한 교직의 철학과 적성

강하다. 두 번째 즐거움인 부끄럽지 않게 사는 일은 자신의 수양과 노력과 연관된다. 세 번째 즐거움인 세상의 영재를 얻어 교육하는 일은 다른 사람에 대한 관심이나 배려, 베푸는 가운데 진행된다. 이런 측면에서 맹자가 말한 교육은 '수양으로 터득한 건전한 인간의 길을 사회로 환원하는, 선각자가 후각자에게 베푸는 행위'를 의미한다. 즉, 시혜 행위, 사회에 기여하는 봉사로서의 교육이다. 그 내용의 핵심은 도덕적 자각을 일깨워 주는 도(道)의 전수이다. 그런 만큼 교육은 계몽적 측면이 강조된다. 다시 말해, 삶의 즐거움이 무엇인지, 어떻게 살아야 하는지에 대해 가르치고 기르는 '교양'을 의미한다.

문자적 의미의 교육(敎育)을 통해서도 '교(敎)'와 '육(育)'을 분석할 수 있다. 『설문해자(說文解字)』에 보면, "교(敎)는 위에서 베푸는 일인 동시에 아래에서 본받는 일이다." 즉, 교육은 '베푸는 사람'과 '받는 사람', 요즘 개념으로 이해하면, 교사와 학생 사이에 이루어지는 교호 행위이다. '베푸는 일'은 일상의 바람직한 도리를 전하고, 삶의 과업을 깨우쳐 주며, 의혹을 풀어주는 작업이다. 그리고 학생이 '본받는 일'은 '베푸는 일'을 받아들이는 작업이다. 즉, 법을 본받고, 모방하며, 학습하는 일이다. 이렇게 볼 때, 교의 의미는 '시교자(施敎者)'와 '수교자(受敎者)'의 상호 작용의 과정이고, 먼저 깨달은 사람이 나중에 깨달을 사람을 깨우치는 작업이며, 선(善)을 권장하여 불선(不善)이나 악(惡)으로 전락한 성품을 선으로 회복하려는 일이다. 그리고 "육(育)은 어린 아이를 길러 착하게 만드는 일이다." 여기서 '어린 아이'는 '자식'이나 '아동'·'학생'을 의미하고, '기르다'는 '배양(培養)', '수양(修養)', '도야(陶冶)', '함양(涵養)'과 상통한다. 또한 '착하게 만드는 일'은 착하게 유도하여 기질을 변화시키고 아름다운 인간으로 나아가게 하는 노력이다. 이렇게 볼 때, 교육은 교사의 학생에 대한 시혜, 착함에로의 인도, 본받음과 깨달음이다. 즉, '정신적 감화 작용'이자 '악한 기질의 교정'이며 '건전한 인격의 배양' 등으로 정리할 수 있다.

중국을 중심으로 하는 한자문명권에서 강조하는 교(敎)와 육(育)을 다시 정돈하면, 교(敎)라는 글자는 '교사가 회초리를 들고 학생의 삶에 바람직한 방향을 제시하며, 어린이는 공손하게 어른을 본받는다.'라는 뜻이다. 그리고 육(育)은 '어머니가 어린이를 가슴에 따뜻하게 안아주는 모습'을 가리키고 있다.

따라서 교육은 교사와 학생 사이에 적극적으로 발생하는 행위이다. 위에서는 가르쳐주고 아래에서는 배워서 잘 자라나게 하는 일로 이해된다.

그리고 대한민국의 언어인 한글에서 교육은 우리말로 '가르치다'와 '기르다'이다. '가르치다'는 '알도록 하다'나 '지식을 지니게 하다', '할 수 있도록 지도하다'와 같은 뜻이다. 그리고 '기르다'는 '동물이나 식물에 영양분을 주어 그것을 섭취하여 자라거나 목숨을 이어가게 하다', '육체나 정신에 도움이 될 것을 주어 쇠약해지지 않게 하다'라는 뜻이다. 이 두 가지 의미를 정리하면, 한글에서 교육은 '방향 제시', '사육(飼育)', '생성', '성장'의 뜻으로 이해할 수 있다.

이렇게 볼 때, 한글에서 말하는 '가르치고 기르다'나 한자의 '교육'에 담긴 공통적 의미는 다음과 같이 추론할 수 있다.

교육은 '인간에게 잠재되어 있는 내적 가능성을, 안에서 밖으로 발전하는 힘으로 도와서 이끌어 내고, 이를 구체화·현실화·문제화 하는 일이다!'

이런 교육의 핵심 가치는 '자기 충실'과 '타자 배려'에서 찾을 수 있다. 자기 자신에게 최선을 다하는 충실은 '충(忠)'이라는 말에 녹아들고, 타자에 대한 배려는 '서(恕)'라는 개념에 스며든다.

❏ 교육의 인간학적 의미; 더불어 살기-자기 충실과 타자 배려

그렇다면 교육을 대변하는 말인 '공부(工夫)'란 무엇일까? 우리는 왜, '공부'를 해야 하는가? 공부의 상대어처럼 느껴지는 '놀이'를 통해, 좀 놀면 안 되는가? 공부를 한다면, 어떻게 하는 것이 바람직한가?

이런 물음은 '교육' 상황에서 언제나 근본적 사안이다. 우리는 흔히 국어·영어·수학·역사·사회·과학·기술·음악·미술·체육 등 교과목 지식의 습득을 공부의 전부로 오해하기 쉽다. 그러나 그런 인식은 교육에 대한 모독이 될 정도로 오류에 해당한다. 이런 지식 암기나 습득을 위한 공부 이전에, 인간은 원초적으로 생존이라는 삶의 근간을 고수해야 한다. 그것은 건강한 육체와 정신을 지속하는 데 달려 있다.

전 세계적 차원에서 교육과 과학을 주요 이유로 다루는 기구가 유네스코이다. 이런 「유네스코 21세기 세계교육위원회 종합보고서」는 21세기를 준비하는 교육의 원리로서 다음과 같은 네 개의 기둥을 제시하였다. 첫째, '알기 위한 교육(learning to know)'이다. 둘째, '행동하기 위한 교육(learning to do)'이다. 셋째, '존재하기 위한 교육(learning to be)'이다. 넷째, '함께 살기 위한 교육(learning to live together)'이다. 이 가운데서도 네 번째 기둥으로 제시한 '함께 살기 위한 교육', '더불어 살아가기 위한 교육'을 매우 중시한다. 그렇다면 '함께 산다는 것', '더불어 산다는 것'은 어떤 의미일까? 우리 전통 철학사상의 주류인 유교에서 찾아본다면, 어떻게 이해할 수 있을까?

유교를 집대성한 공자(孔子)는 때와 상황에 알맞은 논리인 '시중(時中)', 즉, '중용(中庸)'을 교육의 핵심 기준으로 삼았다. 그리고 그것을 바탕으로 하는 구체적 인간관계를 '인(仁)'으로 설명하였다. '인(仁)'은 한 마디로 말하면, '사람을 사랑하는 일'이다. 한자로 표현하면, '애인(愛人)'이다. 사람을 사랑하려면 어떻게 해야 할까? 과연 사람을 사랑할 수는 있는 걸까? 교육을 고려할 때는 사랑의 의미를 곰곰이 따져볼 필요가 있다. 왜냐하면 교육에서 스승과 제자, 교사와 학생은 사랑으로 맺어져야 하고, 사랑으로 결실되어야 하기 때문이다.

우리의 전통 교육인 유교의 초석을 다진 공자는 지속적인 사랑을 실천하고 있다는 사명감으로 자신의 길을 일관되게 걸어갔다. 그것이 이른바 "나의 길은 하나로 꿰뚫어져 있다!"라는 일이관지(一以貫之)의 정신이다. 그 일이관지의 내용이 다름 아닌, 앞에서 언급한 '충서(忠恕)'이다.

우리는 일상에서 '충효(忠孝)'라는 단어를 많이 사용한다. 국가에 충성하고 부모에게 효도하는 논리로서 말이다. 이때 충(忠)은 국가에 충성하는 논리로 수직적 차원의 공동체 윤리로 자리하고, 효(孝)는 가정 윤리로 이해된다. 하지만, '충(忠)'은 신하가 임금에게 언신하는 수직적 차원의 개념이라기보다는 원래 자신의 본분이나 직무에 최선을 다하는 '자기 충실'을 의미했다. 인간을 비롯한 세상 만물과 더불어 살아가는 자신이 자기에 대한 온 힘을 다하는 마음을 말한다. 이는 글자 자체에서 중심[中+心]을 잡고 있는 사람의 이미지를 보여준다. 그리고 '서(恕)'는 자기 충실이라는 열정을 바탕으로 타인에게 성실히 대하는, 타자에 대한 관심과 배려 차원의 일이다. 다른 사람에 대해서도 자기를 대하듯 충실히 관여하는 '타자에 대한 배려'로 이해할 수 있다. 그러므로 공자는 자기와 타인과의 관계망인 '인(仁; 人+二)을 통해 사람 사이의 중용을 실현하려고 했다.

유교는 이러한 충서의 실천을 체득하는 이론적 근거이자 교육학이다. 그 실천적 요구만큼이나 자기 충실과 타자 배려는 유교에서 전통적으로 추구하던 삶의 방식이다. 이를 『중용(中庸)』에서는 다음과 같이 표현한다. "인간의 길은 사람에게서 멀리 있지 않다. 사람이 인간의 길을 실천하려고 하면서 사람을 멀리한다면 그것은 인간의 길이라 할 수 없다. 『시경(詩經)』에 "도끼 자루를 잡고 도끼 자루를 벰이여! 그 법이 멀리 있지 않다."라고 하였다. 도끼 자루를 잡고 도끼 자루를 베면서도 곁눈길로 보면서 오히려 멀다고 여긴다. 그러므로 군자는 사람의 도리로써 사람을 다스리다가 잘못을 고치면 교육을 그치게 마련이다. 충서(忠恕)의 실천은 인간이 가려는 길과 거리가 멀지 않다. 때문에 사람이 자기 몸에 베풀어 보아 원하지 않는 것을 남에게 베풀지 않는 것이다."

이는 인간의 올바른 길을 아주 가까운 곳에서 찾는다는 말이다. 즉, 자신을 중심으로 삶의 현장인 생활 속에서 구한다는 뜻이다. 이런 점에서 인간의 길은 사람이 일상에서 평소에 행하는 일종의 삶의 질서 체계이다. 이는 모든 인간에게 보편적으로 적용되며, 늘 우리 곁에 살아 움직인다. 마치 도끼 자루를 잡고 새로 만들 도끼의 자루를 구하듯이, 가까운 삶의 현장에서 마련하려는 의도이다. 그런데 인간은 가까운 곳은 돌아보지 않고 엉뚱한 곳으로 눈을 돌린다. 그리고는 그 길이 멀다고 한다. 이 얼마나 어리석은가! 공부는 늘 나에게, 나의 주변에, 나의 삶에 달려 있다!

앞에서 간략하게 언급했듯이, 일상에서 '자기충실'과 '타자배려'를 통해 균형과 조화를 이루는 삶이 '충서'이다. 교육의 원리 측면에서 이해하면, '충'과 '서'는 자신과 타인의 관계망을 구체적으로 보여주는 인간관계의 철학이다. 학교를 비롯한 다양한 교육상황에서의 인간관계도 이를 벗어나지 않는다. '부모―자식', '스승―제자', '교사―학생' 등 교육에서 짝으로 존재하는 관계도 마찬가지이다. 교사는 자신의 가르침에 충실해야 한다. 학생은 자신의 배움에 충실해야 한다. 자신의 직분을 열정적으로 감당해 내는 것이 다름 아닌 '충'이다. 동시에 교사는 학생을 배려해야 하고 학생은 교사의 가르침을 헤아려야 한다. 이것이 '서'의 형국이다.

이런 모습을 불교에서는 '줄탁동시(啐啄同時)'라고 한다. '줄탁(啐啄)'은 병아리가 계란에서 부화할 때의 상황을 비유한 언표이다. 병아리는 계란 속에서 알을 깨고 밖으로 나오려 하고, 어미 닭은 그 사실을 직감으로 알아차리고 병아리가 쉽게 나올 수 있도록 밖에서 쪼아준다. 병아리가 알 속에서 부리로 문지르는 행위를 '줄(啐)'이라 하고, 어미 닭이 알 바깥에서 병아리가 문지르는 부위를 쪼아주는 행위를 '탁(啄)'이라 한다. 다시 말하면, 병아리의 요청과 어미 닭의 요구가 동시에 충족될 때, 계란 껍데기가 깨지면서 병아리가 탄생한다.

이 거룩한 탄생성은 근원적으로 상호 작용이 전제된다. 교육에서 진리가 탄생하는 과정 또한 이와 유사하다. 교육의 상호 주체인 교사와 학생은 교육의 과정에서 서로 갈망하고 요청하고 요구하며 더불어 교육의 전반 사항을 충족해 나가야 한다. 병아리는 학생에 해당하고, 어미 닭은 교사에 해당한다. 병아리와 어미 닭은 계란이라는 생명의 근원을 깨고 또 새로운 생명의 탄생을 주도한다. 달리 말하면, 학생과 교사의 공동 노력으로 올바른 교육정신을 낳을 수 있다.

자기충실과 타자배려! 그 '충'과 '서'의 내용과 방법을 보다 구체적으로 이해해 보자. 우리나라 조선시대 유학에 엄청난 영향을 미친 주자(朱子)는 충실과 배려를 다음과 같이 해설했다. "자기의 마음을 다하는 일을 충(忠)이라 한다. 자기 마음을 미루어 남에게 미치는 일을 서(恕)라 한다. 그러므로 자기 몸에 베풀어 보아 원하지 않는 것을 남에게 베풀지 않는 것이 '충서(忠恕)'의 일이다. 자기의 마음으로 남의 마음을 헤아려 보면, 비슷하지 않은 것이 없다. 인간의 마음이나 행위에는 보편성이 있다는 말이다. 이런 점에서 인간의 길이 사람 사이에서, 삶의 상황에서 멀지 않음을 알 수 있다."

인간의 보편적인 감정에 미루어 볼 때, 내가 싫어하는 것은 타인도 싫어하기 쉽다. 내가 좋아하는 것은 타인도 좋아할 가능성이 높다. 별 이익도 없고 재미도 없는 일을, 내가 바라지 않는데 다른 사람이라고 그것을 원하겠는가? 배려는 자기에게 충실하고 타인에게 성실하는 가운데 싹트는 사랑의 윤리이다. 이렇게 볼 때, 교육의 중심이 되는 교사는 자신의 삶에 대한 충실은 물론 학생의 배움에 대한 성실한 배려에 신중해야 한다. 공부는 교사의 일방적인 가르침으로 끝나는 작업이 아니다. '줄탁동시'의 밀착처럼, 관계의 중요성을 고려해야 한다.

인간관계의 중요성을 고민하려면, 보다 진지해야 할 문제에 직면한다. 자신의 삶에 대한 성찰이다. 자기 확립조차 제대로 되지 않았는데, 어떻게 다른 사람에게 함부로 다가설 수 있겠는가? 인간의 일상적인 삶 가운데 가장 중요한 것은 '충실'이다. 그것을 바탕으로 개인은 타자에게 영향을 미친다. 인간이라는 말 자체가, 사람 사이에 형성되는 사회적 관계를 전제로 하기 때문이다. 인간이라는 사회관계 속에서 공자가 일관되게 주장한 것이, 지금까지 계속 강조하고 있는 '충서'였다.

한국의 전통 유학사상은 일상의 행위규범이 자기충실과 그것을 바탕으로 한 타인과의 관계망에 있다고 판단하고 그렇게 실천하려고 노력했다. 유교적 삶의 지침이자 철학이었던 '충'은 내면을 진실하게 다지면서 속임수를 쓰지 않는 충실한 생활 가운데 싹트고, '서'는 이런 충을 외면으로 확장하여 사회적으로 실천하는 일이다. 특히, 사람에 대한 배려인 '서'는 이기심을 절제하고 타인과 더불어 살아가기 위한 중요한 행동 철학이 된다.

그렇다면 '충'과 '서'는 어떻게 함양할 수 있는가? 그것은 교육의 대상인가? 그 자체가 교육적인가? 인간교육의 과정에서 자기충실을 담보해야 하는 '충'은 심신의 수양에 기초한다. 타인에 대한 배려 정신은 다른 사람을 어떻게 만나고 교육하느냐와 관계된다. 자기 충실을 다지는 수양을 '수기(修己)'라 하고, 다른 사람에게 관심을 두고 건전한 관계를 이루는 배려를 '치인(治人)'이라 한다. 유학에서는 이를 통합하여 '수기치인(修己治人)'이라 한다. 자기충실인 '충(忠)'은 인간의 필연적 의무이고, 타인에의 배려인 '서(恕)'는 당위적 임무이다. 교육은 이런 두 가지 사유를 융·복합하여 삶에서 구현할 수 있는 능력을 확보하는 작업이다. 자신에게 충실하고 타자를 성실하게 배려하는 인간의 노력이다. 그 노력의 중심에 '배려(配慮, caring)'가 자리한다.

배려는 자기와 자기 이외의 모든 타자에 걸쳐 있다. 그런 만큼 모든 존재 자체에 대한 관심이다. 인간 사회의 질서 가운데 자리하는 '배려'는 구체적으로 부모자식, 형제자매, 친구 사이, 공동체의 구성원으로서 다양한 관계를 유지할 때 요청된다. 그것은 특히, 교사와 제자 사이의 교육에서 터득되어야 할 주요한 교육적 가치이다. '배려'의 정신을 함양하고 구현하기 위해서는 무엇보다도 말과 행동을 조심해야 한다. 일상에서 누구에게나 인정되는 보편적인 덕을 실천해야 한다. 일상에서 좋지 않은 말은 삼가야 한다. 부족한 것이 있으면 반드시 힘써 행하여 보충하고, 풍족하여 남은 것이 있으면 부족한 사람들에게 보태주어야 한다. 이때 말은 행실을 돌아보고, 행실은 말을 돌아보며, 말과 행동이 일치되어야 한다. 즉, '언행일치(言行一致)'의 삶을 추구해야 하는 것이다.

단순하게 이해하면, 인간의 삶은 정말 간단하다. 평상시에 해야 할 도리나 하고 싶은 일을 실천하는 것이다. 부족한 부분을 충족하여 확충하려는 열망이다. 그 열망은 언어로 제기되고 행동으로 표출된다. 그러므로 말과 행동을 번갈아 돌아보며 반성적 생활을 습관화해야 한다. 이런 삶의 실천이 바로 자기에 관한 충실이고, 타인에 대한 배려로 나아가는 길이다. 그 길은 나와 너, 자신과 타인, 개인과 사회가 유기체로 통합되는 '우리'에서, 바람직한 관계 형성을 통해 성장한다. 그것은 때와 상황에 맞게 형평성의 논리로 드러나야 하고, 나와 타자의 균형과 조화로 표출되어야 한다.

2. 서양 전통교육의 개괄

❑ '교육'이라는 말의 의미; 페다고지(pedagogy), 에듀케이션(education), 교육(敎育), 가르치고 기르다

인간은 세상에 태어나기 이전부터 교육을 받는다. 그러기에 전통 사회에서는 태교(胎敎)를 매우 중시했다. 어머니 배 속에서 사회 문화적 풍토의 영향을 받는다는 말이다. 태어난 후, 사회에 기투(企投, Entwurf, projet)되어 실존하는 삶은 더 말할 필요도 없다. 사회유지와 개혁을 위한 지식과 지혜는 물론이고, 각자의 필요와 삶의 완성을 위해 끊임없이 교육행위를 한다. 그렇다면 왜 인간은 교육행위를 당연시 해야만 하는가? 도대체 인간의 삶과 교육은 어떤 관계인가? 교육이란 무엇을 뜻하는가?

앞에서 교육의 문자적·인간학적 의미를 살펴보았다. 하지만, '교육이란 무엇인가?'라는 물음에 한 마디로 대답하기란 쉽지 않다. 왜냐하면 교육은 시대상황이나 사회 및 국가의 이념에 따라, 추구하는 인간상이 다르고, 사상가들의 세계관·인생관에 따라 교육관도 달라지기 때문이다. 뿐만 아니라, 자연·지리적 풍토를 비롯하여 사회·문화적 분위기의 영향도 크다.

그렇다면 서구에서 '교육'이란 말은 어떤 의미를 지니고 있을까? 어떤 말에 근거하여 도출된 것일까? 일반적으로 익숙한, '교육'을 뜻하는 서양 언어에는 크게 두 가지가 있다. 하나는 '페다고지(pedagogy)'이고, 다른 하나는 '에듀케이션(education)'이다. 페다고지는 '어린이를 이끈다.'라는 뜻에서 왔다. 보다 자세히 말하면, 귀족 가정의 자녀들을 학교나 체육관, 기타 공공의 장소로 데리고 다니면서 교육을 시키는 가정교사의 인도와 연관된다. 특히, 아동의 도덕과 예의 등, 성격형성에 커다란 책임을 맡은 일에서 유래했다. 에듀케이션은 '인간의 내면에 지니고 있는 능력을 밖으로 꺼내어 키워준다.'라는 뜻에서 나온 말이다. 즉, 인간이 선천적으로 타고난다고 생각되는 여러 가지 자질을 잘 길러주는 일을 뜻한다. 이처럼 '페다고지'와 '에듀케이션'이라는 두 가지 말에서 볼 때, 교육은 '어린이를 바람직한 방향으로 이끌며 소질을 계발시켜 준다.'라는 의미로 이해할 수 있다.

❏ 고대 그리스의 교육; 스파르타와 아테네

잘 알려져 있듯이, 고대 그리스는 '폴리스(polis)'라는 도시국가로 형성되어 있었다. 폴리스는 산맥과 바다를 기준으로 하는 자연·지리적 구분이나 기존에 형성되어 있던 종족이나 종교적 차이를 중심으로 생겨난 것으로 보인다. 고대 그리스 시대에는 수백 개의 폴리스가 존재했다고 한다. 하지만, 아테네와 스파르타 등 몇몇 폴리스를 제외하고는 그 역사와 사회에 대해 정확하게 알려져 있지 않다. 폴리스는 성벽으로 둘러싼 하나의 도시를 근거지로 삼아 주변 농촌지역까지 포함하는 지역을 통할했다. 도시에는 높은 지대에 세워진

성채와 시장이 있었다. 성채는 '아크로폴리스(Acropolis)'라 하고, 시민들의 공동 활동이 이루어지던 공공장소인 시장은 '아고라(Agora)'라고 한다.

대표적인 것인 폴리스로 도리아족 문화권의 스파르타(Sparta)와 이오니아족 문화권인 아테네(Athens)가 있었다. 스파르타는 귀족정치 체제이며 투쟁적이었다. 반면에 아테네는 법과 정의가 지배하는 창의적이고 개방적인 도시국가였다. 따라서 교육도 이런 사회·문화 풍토에 따라 실시되었다.

스파르타의 경우, 그리스 최강의 도시국가를 건설한 후, 이를 관리하기 위해 더욱 투쟁적이며 국가 중심의 군국주의(軍國主義, militarism)로 나아가야만 했다. 따라서 모든 교육은 국가적 통제 아래 행해졌고, 스파르타인은 태어나서 죽을 때까지 국가의 구속을 받았다. 심지어 아이가 출생하면 즉시 신체검사를 했고, 허약하거나 불구인 경우에는 내다 버렸다. 이는 국가가 교육을 통해 호전적인 시민을 양성하고, 지혜를 갖춘 인간보다는 행동하는 사람을 길러 내려는 의지를 보여주는 것이다. 그러므로 교육의 목적은 자연스럽게 '강한 힘', '용기', '복종심', '인내력' 등을 기르면서, 조국에 대한 '애국정신'을 함양하는 일을 지향하였다.

이러한 교육은 스파르타의 남성들에게 '전쟁에 얼마나 유용한가?'라는 최고의 덕목을 요청했다. 그것은 국가의 명령에 무조건 복종하고 헌신하며, 강건한 신체와 강인한 정신을 소유하는 일이었다. 이런 교육의 결과는 훌륭한 군인의 양성으로 이어졌다. 그러나 여성은 건강한 아이를 낳을 수 있는 신체를 가지는 것이 중요했다. 이에 그런 신체를 기르는 차원에서 여성교육이 이루어졌다. 어쩌면 여자들은 단지 국가를 위한 수단이나 도구로 봉사해야만 했는지도 모른다. 이 모든 행위는 튼튼하고 강한 국가를 만들기 위한 방법들이었다.

그러나 아테네는 스파르타와 판이하게 달랐다. 아테네 초기에는 원시적 왕정을 실시했지만, 클레이스테네스(Cleisthenes)의 민주적 개혁 이후, 시민 또는 민중에 의한 지배가 이루어졌다. 그 후 아테네 민주제의 창설자로 간주되는 솔론(Solon)은 교육을 장려하고 민주정치를 확립했다.

아테네는 여러 도시국가들 가운데 가장 자유로운 공동체였다. 따라서 아테네의 교육은 군국주의적 국가 중심의 스파르타와 달랐다. 다방면에 능력을 가진 개인의 인간성, 그 조화로운 발달을 교육의 이상으로 삼았다. 교육의 목적도 행동하는 사람보다는 지혜를 갖춘 사람을 강조했다. 이는 시민으로서 건전한 교양을 가져야 할 필요성을 느끼게 만들었고, 심신의 조화와 우아한 미를 추구하도록 요구하였다. 다시 말하면, 이러한 교육은 철학자나 시인, 학자를 배출하는 제도로 정착되었고, 민주적 삶에 참여할 훌륭한 시민 양성을 지향했다. 여자의 경우도 남자만큼 지위가 높지는 못했지만, 스파르타와는 달리 가정에서 바느질을 하거나 베를 짜거나 뜨개질 등을 배우며, 여자로서의 역할을 할 수 있도록 배려하였다.

아테네의 경우, 국가의 체제유지를 위한 강인한 인간의 양성보다는 자유인으로서의 시민을 위한 교양교육에 중점을 두었다. 아테네의 이러한 교육 전통은 소크라테스와 플라톤, 아리스토텔레스를 거치면서 더욱 세련되어 졌다.

☐ 교육사상의 개시; 소크라테스, 플라톤, 아리스토텔레스

우리에게 소크라테스(기원전 469 – 기원전 399)는 제일 먼저, "너 자신을 알라(Gnothi sauton!)"라는 격언을 떠올리게 만든다. 소크라테스는 만물의 척도로서 인간은, 무엇보다도, 자신을 먼저 알아야 한다고 강조했다. 이에 자신의 무지(無知)를 자각할 것을 역설했다.

그의 교육도 바로 이 지점에서 출발한다. 보다 높은 수준에서 '자아를 자각하라!' 이것이 소크라테스가 말하는 교육의 임무였다. 소크라테스의 교육은 모든 사람에게 올바른 사고를 가르쳐 주는 데 있었다. 이에 관찰과 경험을 통해 직접 교육을 실시하였다. 그는 사람들에게 '무엇이든지 당연한 것으로 생각하지 말라!'라고 충고했다. 또 자기의 편견과 선입관을 버리도록 권고했다. 그리하여 무지의 세계를 지혜를 사랑하는 세계로 개선하여 진리를 보급시키는 일을 교육의 목표로 삼았다.

이 과정에서 소크라테스는 무지를 자각하는 방법을 발전시켰다. 이른바 '소크라테스의 대화법(Socratic method)'이다. 이 문답법(問答法)은 비판적 사고의 과정을 이끌어주는 방법의 하나이다. 산파술(産婆術)이라고도 한다. 문답법의 주요 요소는 비판적 질문과 적극적 경청이다. 아울러 대화하는 과정에서 그 사람이 원래 알고 있던 지식을 상기해 내도록 하는 것이 목표이다. 여기에는 소극적 측면과 적극적 측면이 있다. 소극적 측면은 소크라테스식의 '반어법(反語法)'이고, 적극적 측면은 '산파술'이다. 반어법은 대화 상대방으로부터 로고스(Logos, 論說)를 끌어내어 무지를 자각하게 만드는데, 아포리아(aporia)로 유도하는 소크라테스의 독특한 무지를 가장하는 태도이다. 산파술은 상대방이 제기한 논설이나 질문을 거듭함으로써 개념 규정을 음미하고, 당사자가 의식하지 못했던 새로운 사상을 낳도록 하는 문답법이다. 소크라테스는 자기 스스로 새로운 지혜를 낳을 수 있는 능력은 없지만, 다른 사람들이 그것을 낳도록 도와주어 그 지혜의 진위(眞僞)를 식별할 수 있다고 했다. 이 자기활동을 어머니의 직업인 산파에 비유하여 산파술이라 불렀다.

문답법의 경우, 두 단계로 나누어진다. 첫째, 학습자의 무의식적 무지에서 의식적 무지까지 이끈다. 둘째, 의식적 무지에서 합리적 진리에로 인도한다. 즉, '무의식적 무지 ⇒ 의식적 무지 ⇒ 합리적 진리'라는 방법론이 바로 교육의 과정이다. 소크라테스의 위대성이 여기에서 발견된다. 독단을 물리치고 보편적 진리를 발견하는 방법을 제시한 것이다.

플라톤(기원전 427 - 기원전 347)은 더 이상 말할 필요도 없이 유명한 소크라테스의 제자이다. 그의 생각은 어쩌면 소크라테스에게서 배운 사안을 구체적으로 드러낸 것인지도 모른다. 플라톤의 사유는 서양사상의 근간을 이루는데서 알 수 있듯이, 정치를 비롯한 다양한 학문 영역에 걸쳐 있다. 교육론의 경우는 그의 주요 저서인 『국가』에서 찾아볼 수 있다. 플라톤의 국가론은 '이상 국가'를 지향한다. 이상 국가는 각 계급이 각각의 본성에 따라 그 덕을 실현하는, 조화롭고 정의로운 공동체이다. 그런데 이는 오로지 교육에 의해서만 실현 가능하다.

교육을 말하기 이전에, 플라톤은 '동굴의 비유'를 통해 '인간의 정신이 교육되어 있느냐? 아니냐?'에 관해 이야기했다. 어두운 동굴 안에서 쇠사슬로 묶여 꼼짝 못하고 벽만 바라보고 있는 인간이 있다. 그는 빛을 통해 비춰진 가짜 영상, 즉, 그림자를 진짜로 인식한다. 이런 인간은 동굴에서 나와 햇빛 아래 내던져져 진짜인 실재를 본다할지라도 그것을 진짜로 인식하지 못한다. 이에 교육이 필요하다. 플라톤이 교육을 하려는 목적은, 다름 아닌, 동굴의 속박을 벗어나 태양의 빛으로 실재를 보는 데 있다.

인간의 정신에는 학습의 능력이 있다. 그것은 각 기관이 맡는다. 눈에 시력이 있고 귀에 청력이 갖춰져 있는 것과 같다. 플라톤의 교육은, 동굴의 비유처럼 그림자를 통해 허깨비만 보던 것을 햇빛 아래에서 실재를 보는 것으로 전환하는 일이다. 즉, 진리의 반대 방향으로 향하고 있는 정신을 진리의 방향으로 바꾸는 작업이다. 이런 힘은 인간 자신 안에 존재한다.

문제는 플라톤이 인간을 동등하게 보지 않은 데서 발생한다. 플라톤은 시민을 세 등급으로 구분하여 제시했다. 잘 알려진 대로, 세 등급의 시민은 '지혜(智慧, Wisdom)'와 '용기(勇氣, Fortitude)', 그리고 '절제(節制, Temperance)'의 덕을 지녔다. 즉, 지혜의 덕을 지닌 '통치자'와 용기의 덕을 지닌 '군인', 그리고 절제의 미덕을 지닌 '생산자'가 각각의 시민이다. 이들은 제각기 하는 역할이 다르므로, 교육의 목적 또한 다르다. 중요한 것은 각 개인이 적성에 맞는 일을 하고, 다른 사람들에게 유용한 방식으로 그러한 일을 하는 공동체를 이루는 작업이다.

이런 점에서 플라톤의 교육은 사회 각 계급에 맞는 개인적 능력과 자격을 발견하고, 덕과 시민으로서의 능률을 발전시키는 데 두었다. 이 덕이 개인에게 제각기 구현되고, 공동체에서 조화를 이룰 때 정의(正義, Justice)가 성립한다. 이 '절제-용기-지혜-정의'의 네 가지 덕행은 '사추덕(四樞德 Cardinal virtues)'이라 하며, 인간의 도덕적 덕행과 도덕적 삶 전체를 아우른다. 그 결과 인간에게 사람과 사람, 사람과 사물을 올바르게 파악하도록 도와, 도덕적인 삶을 지속하게 만든다.

플라톤의 제자 아리스토텔레스(기원전 384-기원전 322)는 플라톤의 사상을 이어받았지만, 플라톤의 관념주의를 배격했다. 그리고 존재의 기반을 현실 세계로 끌어 내렸다. 이런 관점에서 아리스토텔레스는 중요한 문제를 제기했다. 그는 『니코마코스 윤리학』에서 "우리들이 달성해야 할 온갖 선(善) 가운데 최고의 것은 무엇일까? 그것은 '행복(幸福)'임에 틀림없다." 그렇다! 인간은 누구나 행복을 추구한다. 현실 속에서 행복을 갈구한다. 그런데 행복이란 무엇일까? 아리스토텔레스에 의하면, 행복은 중용(中庸)이라는 덕과 이성적인 행동을 할 때, 얻을 수 있다.

교육은 바로 이성을 통해 중용의 덕을 실천하는 일이다. 여기에서 중용이란 단순하게 물리적으로 절반의 중(中)인 가운데가 아니다. 자기가 놓인 자리, 그 위치를 바로보고 스스로를 깨달아, 거기에 적중한 태도를 취하는 행동이다. 아리스토텔레스는 바로 이 행복, 최고선(最高善)의 실천을 추구했다. 그리고 이를 위해 중용의 덕을 지키는 이성적 생활과 행동을 할 수 있는 사람을 만드는 일을 교육의 목적으로 설정했다.

❑ 중세 신(神)중심 교육과 근대교육에로의 이행

서양의 중세사상이라 할 때, 우리는 '기독교 사상'을 생각하지 않을 수 없다. 기독교 사상은 유대교에서 유래한 것이다. 이는 '창조(創造, Creation)'라는 학설을 전제로 한다. 창조는 바로 이 세상 만물과 그 근원인 초월적 신과의 관계를 말한다. 신은 모든 것을 창조하였다. 이 세상 모든 것은 하나님이 만들었다.

중세의 교육은 바로 이런 사상을 배경으로 진행되었다. 교회는 절대적 교권을 가지고 교육에서 중심이 되었다. 교육은 금욕적이며 하나님의 영광을 위한 종교적 분위기에서 이루어졌다. 물론, 기사로서 가져야 할 명예롭고 예의 바른 행동을 길러야 하는 '기사도(騎士道, chivalry)' 교육이나 상인 또는 수공업자가 조직한 직업 결사체인 '길드(Guild)', 대학(大學) 등이 세속적 교육기관으로 존재했다. 하지만, 그러한 교육기관이 실제로 교회의 주장과 이익을 배격했던 것은 아니다.

종교생활의 전형을 보여주는 수도원(修道院, Monastery)의 경우, 인간의 마음과 영혼이 보다 높은 생활을 할 수 있도록 '금욕적 삶'을 실천하는 것이 목적이었다. 이에 수도승들은 육체의 욕망을 부정하고 현세를 부인하였다. 이는 수도원 교육이 이 세상에 대한 준비가 아니고 내세를 위한 준비였음을 보여준다. 이들에게 현세는 의미가 없다. 다가올 하나님의 나라가 그들이 영원히 살아갈 곳이기 때문이다.

그러나 14－15세기의 유럽은 중세 봉건사회가 붕괴하기 시작했다. 또 교회의 세력도 쇠퇴의 길로 나아갔다. 반면에 '시민계급(市民階級, bourgeoisie)'이 성장하였다. 이들은 중세의 '신(神)중심주의'를 의심하고 새로운 사회를 추구했다. 이것이 이른바 '인간(人間)중심주의'라고 하는 문예부흥(文藝復興) 운동의 출현, 르네상스(Renaissance) 운동이다. 인간중심의 문화는 인간을 궁극적 목적으로 보며 최고의 가치라고 여긴다. 따라서 내세를 추구하기보다는 현세를 보다 긍정적으로 본다. 또한 종교개혁(宗敎改革, Reformation)도 일어났다. 중세 기독교에 대항하는 청교도(淸敎徒, Puritan) 중심의 개신교 운동이 발생한 것이다. 이에 중세 기독교는 새로운 내용을 담은 종교로 바뀌게 되었다. 현대 개신교(改新敎, Protestantism)의 출발이 바로 이때부터이다.

그리고 시대는 점점 바뀌면서 17－18세기의 계몽주의(啓蒙主義, Enlightenment) 사조로 이어진다. 교육도 자연스럽게 시대 흐름에 따랐다. 수많은 교육사상가들이 시대정신에 발맞추어 새로운 사유를 제기했다.

❑ 교육사상의 발전; 루소, 칸트, 페스탈로치, 헤르바르트

루소(1712－1778)는 『사회 계약설』이나 『에밀』로 우리에게 친숙한 사상가이다. 유명한 "자연으로 돌아가라!"라는 주장으로 말미암아 자연주의 교육철학자로 분류된다. 그의 교육에 대한 생각은 『에밀』에 잘 나타나 있다. 루소는 인위적인 측면을 일단 부정한다. 그리고 자연적인 것으로 돌아가는 교육을 주장한다. 이는 당시의 부패한 관습과 문화의 타락을 비판한 데서 비롯되었다.

교육은 사실, 성장하는 아동의 여러 단계와 부합되어야 한다. 3세의 어린아이는 그 수준에 맞게, 7세의 아동은 그 발달 수준에 맞게, 15세의 청소년은 그에 어울리는 교육을 필요로 한다. 즉, 아동·청소년의 발달에 따른 적절한 교육이 이루어져야 하는 것이다. 그런데 루소가 살던 시기, 대부분의 사람들은 아동에게 어떤 교육을 시켜야 적절한지, 아동들의 학습능력은 어느 정도인지, 큰 관심이 없었다. 그리고 아동들의 발달 단계나 수준을 무시하고, 성인과 동일하게 다루며 교육에 임했다. 루소는 이를 신랄하게 비판했다. 여기에서 루소의 교육관이 담긴 소설 『에밀』이 나오게 된 것이다.

또 루소는 '인간이 타고난 성품은 착하다!'라는 견해를 제시하며, 그런 본성에 따른 교육을 주장했다. 자연스럽게 타고난 착한 성품을 발전시켜 가면 인간 본래의 성품을 길러갈 수 있다. 자연적 교육은 바로 인간의 본성, 품성의 토대를 발전시키는 작업을 의미한다. 여기에서 교육자는 기본적으로 직접적 간섭보다는 간접적 작용을 해야 한다. 예컨대, 어린 싹을 파괴시키는 어떤 요인이 있다면, 그것으로부터 방어해 주어야 한다.

칸트(1724–1804)는 대학에서 최초로 교육에 관한 이론을 강의한 것으로 유명하다. 그의 교육론은 아주 간단하다. "인간은 교육받지 않으면 안 되는 유일한 피조물이다!" 그래서 "인간은 교육을 필요로 하는 동물이다!" 칸트는 인간에게 교육이 필요한 이유를 '미숙한 존재로 태어나기 때문'이라고 했다. 그렇다. 인간은 다른 동물과 달리 완전하게 모든 것을 갖춘 상태로 태어나지 못한다. 미숙한 만큼, 태어난 그대로는 아무 일도 할 수 없다. 때문에 다른 사람이 이를 대신하여 해주지 않으면 안 된다. 그것이 교육을 요청하는 이유이다.

인간은 자신의 내면에 잠재해 있는 소질을 스스로의 노력을 통해 하나씩 도출해내야 한다. 자질을 끄집어내어 현재 세대는 미래 세대를 교육해야 한다. 이는 인간이 교육에 의해 인간 사회를 유지하고 비로소 인간으로 우뚝 설 수 있음을 의미한다. 교육을 통해 인간이 될 수 있다는 믿음, 이것이 칸트가 인간에게 거는 교육적 기대이다.

인간은 교육을 통해 인간이 될 수 있다는 데 낙관적이어도 좋다. 그래서 칸트는 다음과 같이 이야기한다. "아마도 교육은 점차로 잘 되어 나갈 것이고, 모든 세대들은 인간성이 완성되어 가는 방향으로 나아가게 될 것이다. 사실, 교육의 배경에는 인간의 본성 완성이라는 커다란 비밀이 숨어 있다. 인간의 내면에 잠재하는 본성, 그 소질을 발전시키는 교육의 이념은 두말할 나위 없이 진실한 것이다." 인간의 자연적 소질을 인간성의 완성으로 발전시키기 위해서는 양육(養育)과 훈육(訓育)이 필요하다. 또 도덕적 인격의 도야(陶冶)도

필요하다. 칸트에게 무엇보다도 중요한 것은 인간 속에 있는 잠재된 소질을 계발하여 완전한 인격으로 나아가는 일이었다.

페스탈로치(1746－1827)는 루소의 "자연으로 돌아가라!"라는 교육 원리에 큰 영향을 받았다. 그것은 사람에게 선천적으로 한결같이 주어진 '인간성'을 믿었기 때문이다. 페스탈로치는 인간이 본래 지닌 자연성, '머리(Head)－가슴(Heart)－손(Hand)'이라는 3H의 조화를 고려했다. 즉, 지력과 심성, 그리고 기능이라는 세 가지를 골고루 발전시키려고 하였다. 이는 인간의 비참한 상태를 개선하기 위해, 정치·경제에 의뢰하지 않고, 교육이라는 방법을 취한 것이다. 즉, 교육을 통한 인류 구원이라는 목적을 갖고 있었다.

페스탈로치는 민중을 인간적으로 교육시키는 데 일생을 바쳤다. 사회적으로 보람 있고 동시에 개인적으로는 행복하도록 도와주는 일이 그의 교육적 사명이었다. 모든 인간은 소질을 지니고 이 세상에 태어난다. 따라서 누구나 그 소질을 계발시켜야 한다. 그리고 인간은 국가·사회의 수단이나 도구로, 기능적 역할만을 하기 위해 태어나는 것이 아니다. 인간은 개인으로서 존중받아야 할 '목적적 존재'이다. 그러므로 교육은 '머리－가슴－손'으로 상징되는 '정신과 심성, 기술'이라는 세 힘을 고루 도야한다.

학교교육의 궁극 목적은 단순한 삶의 '기능'이나 '기술'을 습득하는 데 그치는 것이 아니다. 인생에 대한 진지한 성찰, 그것을 위해 얼마나 적합한 정신과 심성, 기술을 균형 잡히게 만들어 갈 수 있느냐에 있다. 또 맹목적 복종이나 규정된 습관을 습득하는 데 그치는 것이 아니다. 인간으로서 독립된 행동을 위한 준비에 있다.

헤르바르트(1776－1841)는 '과학적' 교육학을 주창한 사상가로, 오늘날 교육학의 기초를 닦은 학자이다. 그는 페스탈로치를 찾아가 교수법을 견학하기도 했다. 헤르바르트는 교육의 기초 학문으로 '윤리학'과 '심리학'을 들었다. 윤리는 도덕의 문제이고 심리는 마음의 활동과 관계된다. 윤리학으로 교육의 목적을 결정하는 과학으로 삼았고, 심리학으로 교육과정과 교육의 수단 및 방법을 돕는 과학으로 삼았다.

헤르바르트는 윤리학을 강조하였기 때문에 교육의 목적을 '덕성의 도야'

에 두었다. 덕성의 도야는 아동·학생들에게 선을 택하고 악을 버릴 수 있도록 깨닫게 해주는 일이다. 이러한 덕성은 인간이 갖추어야 할 최고의 이상이다. 따라서 그것을 헤르바르트는 교육의 최고 목적으로 삼았다.

❏ 20세기 미국의 교육철학; 듀이의 프래그머티즘

마지막으로, 우리 시대에 큰 영향을 끼치고 있는 대표적인 교육사상가를 접할 시간이다. 바로 듀이(1859–1952)이다. 듀이는 20세기의 사상적 거인이다. 미국에서는 물론 세계적으로 그가 끼친 영향은 막대하다. 특히, 교육을 이해하는 데, 그를 빼놓을 수 없다.

듀이의 교육관을 이해하기 위해서는, 먼저 철학 사상의 기초가 되는 프래그머티즘(實用主義, Pragmatism)을 이해해야 한다. 프래그머티즘은 다음과 같은 철학적 원리를 갖고 있다. 첫째, 이 세상에 영원·불변한 것은 없고 변화만이 실재한다. 둘째, 가치는 상대적이다. 셋째, 인간은 사회적이고 생물학적 존재이다. 넷째, 모든 인간의 행동에서 비판적 지성의 가치가 발동되어야 한다. '변화, 가치의 상대성, 사회적 존재, 비판' 등과 같은 개념에 기초하여, 그의 교육관도 전개된다.

듀이는 교육을 인간이 사회의식에 참여하는 것으로 인식한다. 교육은 사회생활과의 긴장 관계에서 성립한다. 따라서 살아있는 사회 환경에서 단절된 교육은 없다. 그래서 학교는 개인을 사회화 하는 기관이 되고, 교육내용은 현실생활의 문제해결 과정 속의 경험 그 자체여야 한다. 이런 교육을 거치면서 사회진보와 혁신의 능력이 길러진다. 여기에서 '교육(敎育, education) = 성장(成長, growth) = 사회화(社會化, socialization)'라는 동일화가 성립한다.

듀이의 유명한 저서 『민주주의와 교육』에 의하면, 교육은 가장 넓은 의미에서 '생명을 사회적으로 지속시키는 일'이다. 그러기 위해서는 학교가 지역사회의 중심이 되어야 한다. 왜냐하면 우리는 학교를 통해 아이들에게 사회에 적응하는 법을 가르쳐 줄 수 있다. 나아가 그 사회를 개혁하면서 자신의 생활을 개척할 수 있는 정신적·도덕적 경향을 길러줄 수 있기 때문이다. 그러므로 교육은 사회생활 그 자체이다.

듀이는 무엇보다도 '생활'을 강조했다. 교육은 바로 "생활 그 자체이다!"(education is life-itself). 이는 이전의 사상가들이 교육을 바라보던 관점에서 보면 질적 비약을 가져온 사고이다. 현실생활에 대한 구체적인 강조가 교육 자체에 녹아들었다.

❖ 학습활동 1 - 교육 개념의 개혁

구분	전통 교육 개념 (요약/정돈)	새로운 교육 개념 (구상/창조)
개별 사고 활동		

공 동 체 사 유 전 개

시대정신을 고려한 교직의 철학과 적성

종 합 정 돈

시대인식과
교육의 변화

시대인식과 교육의 변화

1. 첨단과학기술 문명의 시대

☐ 정보혁명

20세기 중·후반부터 서서히 진행된 정보화는 정보처리와 통신기술의 발전을 통해 정보혁신을 가져왔다. 이는 인터넷 혁명을 기반으로 정보와 지식이 사회에서 가장 중요한 가치로 인정받는다는 사실을 의미한다. 그만큼 그것에 기여하는 인간의 지적 창조력이 중시되는 사회이다. 이제, 첨단 우주과학기술은 인공지능, 빅 데이터, 생명공학, 나노기술 등, 날로 새로움을 거듭하며 혁명적으로 발전하고 있다.

18세기 산업혁명 이래, 근대 자본주의 사회가 성립하면서, 개인과 개인 사이, 기업과 기업 사이, 국가와 국가 사이의 경쟁이 치열해졌다. 19세기의 과학·교통 혁명으로 새로운 과학기술이 발달하고, 교통 및 운송 수단이 크게 변화하였다. 교통 및 운송 수단에서의 혁명은 국가 간 교역을 증대시키고, 노동력과 자본의 이동을 보다 자유롭게 하여, 경제적 번영과 함께 본격적인 지구촌 시대를 열었다. 이러한 변화들이 놀라운 사안인 것은 틀림없다. 하지만,

오늘날의 지식기반 사회에서 직면하는 정보기술 혁명에 비하면, 보잘 것 없어 보인다. 현재 우리는 컴퓨터, 네트워크, 인공위성, 광섬유 등 관련 기술의 발달을 기반으로 한, 과학혁명의 시대에 살고 있다.

컴퓨터의 연산능력 발달로, 많은 사람들이 일상적으로 다루고 있는 개인용 컴퓨터는 몇십년 전의 슈퍼컴퓨터가 며칠 동안 해내야 하는 작업을 순간적으로 처리할 수 있다. 전 세계의 수천만, 수억대의 컴퓨터가 인터넷에 연결되어 매일같이 엄청난 양의 정보를 쏟아내면서 정보를 상호교환하고 있다. 네트워크의 대역폭 증가는 이러한 교류를 가능하게 해준다. 불과 몇 년 전만 해도 초당 속도가 300비트인 모뎀을 사용했지만, 이제는 초당 100메가비트, 또는 그것을 초월하는 초고속 인터넷망이 보편화 되었다.

이와 같이 빠르게 발전하는 정보통신 기술은 우리가 정보를 수집하고 관리하며 교류하는 방식을 근본적으로 바꾸고 있다. 이제는 커뮤니케이션 방식이 e-메일이나 게시판과 같이 단순한 텍스트를 주고받는 것을 넘어, 음성과 영상을 포함한 실시간 화상 대화가 가능해졌고, 고속으로 이동하는 도중에도 인터넷에 접속하여 필요한 정보와 자료를 주고받을 수 있게 되었다. 이전에는 오프라인에서만 가능했던 긴밀한 상호작용이, 이제는 언제 어디서나 가능하다. 정보통신 기술은 단순히 기술에 그치는 것이 아니라 인간의 삶을 본질적으로 변화시키고 있다. 이것은 정보통신 기술이 가지고 있는 다음과 같은 특징 때문이다. 정보통신 기술은 '지식을 창조하고 관리·전달하는 방식을 근본적으로 변화시킨다.' 나아가 '사람들의 커뮤니케이션 방식을 전환시킨다.' 또한 '시간과 공간의 제약을 극복할 수 있게 한다.'

이제 정보통신 혁명은 유비쿼터스 혁명으로 이어지고 있다. 인간은 정보통신 기술의 도움을 받아, 언제, 어디서나 자신이 원하는 작업을 할 수 있다. 이는 마치 100여 년 전에 발명된 전기가 벽 속으로 들어가면서 빠르고 폭넓게 확산된 상황과 비슷하다. 오늘날 우리는 물이나 공기와 같이 전기를 인식하지 않고 사용한다. 전기배선이 보이지 않지만 스위치만 켜면, 또는 자동감치 장치에 의해 전등이 켜진다. 정보통신 기술 또한 우리 눈에 보이지 않지만 편재되어 있어 점점 더 의식하지 않고 사용한다. 모자나 옷, 볼펜이나 노트,

대학 교재에도 컴퓨터칩이 내장되어 일정을 알려주는 비서 역할을 한다. 여행 정보를 알려주는 도우미가 되기도 하고, 건강을 체크해주는 간호인, 학습을 관리해주는 튜터의 역할을 한다.

☐ 지식기반 사회

지식기반 사회에서는 지식 정보가 노동력이나 토지, 자본보다도 중요한 생산요소로 인정된다. 그만큼 20세기 이전의 과거와는 다른 새로운 사회적 특징과 구성 원리가 자리한다. 과거에는 인간이 지닌 지식이 아니라, 노동력·토지·물적 자원을 보다 중시하였다.

인류가 수렵사회에서 농경사회로 발전하는 데는 약 1만 년 전에 있었던 농업혁명이 필요했다. 수렵사회의 주요한 가치가 노동력에 있었다면 농경사회에서는 토지를 중시했다. 토지를 가지지 못한 사람은 토지를 가진 지주의 땅을 빌려서 경작하지 않으면 살 길이 없었다. 18세기 후반의 산업혁명으로 사회의 중요한 가치가 토지에서 자본으로 변화했다. 자본이 없는 사람은 공장과 원료, 기계를 갖춘 자본가에게 의존하지 않고는 살아갈 길이 없었다. 이때의 자본은 물적 자원을 중심으로 하였고, 인적 자원의 중요성은 그리 크지 않았다. 그러나 21세기 지식기반 사회로 접어들면서, 창의적 지식을 생산해낼 수 있는 인적 자원의 중요성이 커졌다. 이들이 생산해내는 창의적 지식이 사회의 중요한 가치로 인식되었다. 극단적으로 말하면, 지식이 없는 사람은 지식을 가진 사람에게 종속되고, 지식이 없는 기업은 지식을 갖춘 기업에 지배당해 살아가지 않으면 안 되는 세상이 된 것이다.

현대사회를 단순히 정보사회라고 부르지 않고, '지식기반' 또는 '지식·정보' 사회라 부르는 이유는 정보사회의 개념으로 오늘날의 혁신적 변화를 표현하기 어렵기 때문이다. 1960년대 이후, '정보'사회라는 개념은 다음과 같은 특징이 있다. 정보사회는 시간이나 장소의 제약에서 벗어난 기동성 있는 업무수행이 가능하다. 기술의 사용에서 사용자의 편의가 극대화 된다. 대량의 정보를 빠른 시간에 처리할 수 있다. 아울러 멀티미디어도 등장했다. 이는 이동성,

편의성, 속도, 미디어의 통합과 연관된다.

여기서 알 수 있듯이, '정보' 사회라는 말에는 '창의적 지식의 중요성', '지식산업의 발전'과 같은 개념이 빠져 있다. '지식기반' 사회라는 개념은 '정보' 사회라는 개념에 비해, 보다 질 높은 부가가치를 생산해낼 수 있는 지식의 개념을 강조한다. 여기에서 '정보'와 '지식'의 차이를 어떻게 정돈할 수 있을까?

이 개념을 구분하기 위해서는, '자료(data)'와 '정보(Information)', 지식(Knowledge)의 차이와 연관성을 고려하면 분명하게 정돈할 수 있다. '정보(Information)'는 '자료(data)'와 구분되는 개념으로, 자료를 수집하고 정리하고 분석하면서 자료에 의미를 부여한 것이다. 여기서 자료란 있는 그대로의 사실, 즉 처리과정을 거치지 않은 단순한 관찰이나 측정을 통해 얻을 수 있는 문자, 숫자나 그림 등을 의미한다. 예를 들어, 음식점을 소개한다고 하자. 이때 개별적으로 낱낱이 음식점을 소개하는 내용은 자료에 불과하다. 하지만, 개별 음식점 자료를 처리·종합해서 '풍경이 있는 맛있는 음식점'을 뽑아낸다면, 식도락가에게 의미 있는 정보가 되는 것이다. 정보란 수신자(recipient)에게 의미가 있는 형태로 처리된 자료(data)로서, 현재 또는 미래의 행위나 의사 결정에 영향을 미치는 실제적(real) 또는 지각된(perceived) 가치를 담고 있다.

지식(Knowledge)은 사용자가 목적에 맞고 부가가치를 창출할 수 있도록, 정보를 통합하여 개별화하고 주관화한 것을 말한다. 지식은 일반적으로 '사물을 아는 마음의 작용'이라 할 수 있다. 예를 들어, '풍경이 있는 맛있는 음식점'에 대한 정보를 가지고 있을지라도, '음식점'을 구별 짓는 중요한 특징과 장·단점을 분석·파악하여 나름대로 평가나 적용능력을 가지지 못한다면, 그것은 그냥 좋은 음식점에 대한 정보를 가진 데 불과할 것이다. 이 경우, 좋은 음식점을 찾아가 음식을 즐길 수 있지만, 좋은 음식점의 본질적 특성을 알고 평가할 수는 없다.

지식을 획득한 지식인은 정보에만 의존하지 않고, 스스로 판단하고 평가할 수 있는 능력을 가진 사람이다. 주어진 정보를 바탕으로 좋은 음식점에 대한 나름대로의 지식을 축적하고 있다. 이렇게 되면, 잘못된 정보와 올바른 정보를 구분할 수 있다. 나아가 자신 또는 다른 사람에게 가치 있는 정보를 창출해낼 수 있다. 이런 점에서, '정보'는 외부에서 개인에게 주어진다. 그러나 지식은 정보가 개인에게 의미 있게 주관화된 것이다. 실생활에서는 정보와 지식을 엄격하게 구분하지 않고 쓰기도 하지만, 지식은 다음과 같이 측면에서 정보와 구분된다. 지식은 정보가 축적되어 체계화되고 한층 더 농축된 상태이다. 정보가 가공·재구성되어 행동으로 옮겨지고, 가치창출로 이어질 때 지식이라 한다. 지식은 경험, 상황, 판단, 사상과 결합된 정보이다. 지식은 당면한 문제와 연관되고, 즉시 활용될 수 있는 정보로 경험에 준거한다.

☐ 인터넷 혁명

정보화를 거쳐 지식기반으로 나아간 사회는 인터넷 혁명을 통해 새로운 양상으로 전개된다. 그것은 다양하게 표현된다. '제4차 산업혁명'이라 명명되기도 하고, 지능정보화 사회, 빅 데이터 시대, 사물인터넷 사회 등, 강조점에 따라 다르게 불리며 명칭 자체가 진화한다. 다시 말하면, 21세기는 사물인터넷(IoT; Internet of Things)과 빅 데이터(Big Data), 가상물리 체계(CPS; Cyber Physical System)와 인공지능(AI; Artificial Intelligence) 등 이전에 없던 새로운 문명이 들어섰다. 세상의 모든 것이 인터넷으로 초 연결된다. 여기에 역동적이면서도 방대한 데이터가 기반이 되고, 사이버 시스템과 물리적 시스템이 정교하게 연동되면서 '복합시스템'으로 재편된다. 그리고 이들이 인공지능을 만나면서, 최적 상태로 제어되는 새로운 차원으로 문명을 양산한다. 문제는 그것이 급격하게 진화를 거듭하면서, 교육의 체계를 전반적으로 바꾸고 있다는 점이다. 명확하게 말하면, 교육의 체계가 과학기술 문명을 제대로 따라잡지 못하면서, 교육 스스로 능동적으로 변화를 꾀하기보다 과학기술에 이끌려가는 듯하다.

전통 교육에 대한 변화가 예고되는 만큼, 교육학의 영역에서는 근대 공교육 중심의 교육 체제에 대한 비판적 논의가 지속될 수밖에 없다. 교육현장은 이미 포스트모니즘(Post–modernism)의 행태들이 난무하고 있는데, 많은 교육가들은 여전히 모더니즘(Modernism)의 사유 속에서 학습자를 지도하고 있다.

포스트모더니즘은 2차 세계대전 이후, 20세기 후반에 접어들면서 본격적으로 등장하기 시작하였고, 근대적 사고에 회의(懷疑)를 품은 문화적 사조이다. 인간 이성의 절대화와 보편화라는 근대성의 핵심에 대해 비판하며, 그 대안으로 '다원성(多元性, pluralism)'과 '유한성(有限性)'을 제시한다. 즉, 포스트모더니즘은 인간의 절대화는 궁극적으로 인간의 '자기소외(自己疏外, self−alienation)'를 야기할 수 있다는 비판적 반성을 통해, 인간의 유한성과 역사적 구속성을 적극적으로 사유하여, 인간과 자연의 관계를 새롭게 정립하려고 한다.

포스트모더니즘은 다음과 같은 차원에서, 근대사회가 추구하던 가치와 다른 사고를 지향한다. 첫째, 인간과 자연을 구분했던 근대적 사고와 달리 인간과 자연을 '포괄적 관계'에서 고찰한다. 둘째, 인간 이성의 무한한 발전을 믿는 대신, 기술 발달이 부분적으로는 퇴보를 가져올 수 있다고 자각한다. 셋째, 모든 인간을 지배할 수 있는 하나의 이념 대신, 다양한 의견과 권리를 인정한다.

이는 필연적으로 발생하는 교육적 한계를 극복하기 어렵게 만드는 요인이다. 뿐만 아니라 교육에서 가장 중시하는 사안 가운데 하나가 '가치' 개념과 그것의 형성에 관한 것이다. 그러나 현대 포스트모던 사회는 절대적 가치가 허물어져 버렸다. 교육이 가치를 지향한다면 '도덕'(또는 인간) 교육은 어떤 방향에서 고민해야 하는가? 근대적 도덕관념으로는 해결하기 어려운 만큼, 그 해체와 새로운 건설이 요망된다.

이런 문화적 현상에 첨단우주과학 문명이 더해지면서 급격한 변화를 재촉한다. 이른바 '디지털 혁명(digital revolution)'이라는 새로운 사회이다. 디지털 사회의 새로운 문명은 포스트모던 사회의 문화현상조차도 다시 해체하며 새 문명 건설을 거듭해 나간다. 그것은 어떤 사람도 그 구체적 모습을 함부로 예측하기 힘들 정도로 급변하는 혁명적 사태를 연속적으로 제기한다.

20세기 포스트모던 시대의 패러다임은 21세기형 패러다임으로 전환된다. 20세기의 기술과 산업, 인프라는 21세기 인터넷 혁명 시대의 융합 기술, 융합 산업, 융합 인프라로 재탄생한다. 이제는 인간을 둘러싼 빅 데이터와 수많은 센서, 언제 어느 곳에나 접속되어 있는 모바일 기기와 소셜 미디어 환경에서 '콘텍스트(Context)'를 읽을 수 있는 사람만이 변화의 소용돌이에서 살아남을 수 있는 시대가 되었다.

특히, 사람과 사물, 공간, 시스템 등 모든 것이 초 연결되는, 초 연결 웹 단계로의 이행은 인류의 생활양식을 송두리째 바꾸어 놓는다. 모든 존재 사이의 콘텍스트와 인간의 생각을 교감하는 초 지능 웹을 향해 발전을 가속화한다면, 교육은 현재와 전혀 다른 양상으로 이행될 것이다. 인간과 사물, 공간이 서로 연결된다는 것은 단순히 네트워크로 엮어지는 것만을 의미하지는 않는다. 인간 삶의 방식, 사회, 경제구조, 사고체계가 새로운 차원으로 전환됨을 뜻한다.

나아가 인공지능(人工知能, AI: artificial intelligence)의 등장은 현대교육을 심각하게 고민하도록 만든다. 인공지능은 시각, 언어, 의사결정, 언어 사이의 번역 등 통상적으로 인간의 지능을 필요로 하는 과제를 실행할 수 있는 컴퓨터 시스템이었다. 이것이 이제는 '딥러닝(deep learning, 심층학습)'이나 '인공 신경망'이라는 이름으로 인간과 기계의 '공생 생태계'를 성숙하게 만들어 나간다. 교수자와 학습자가 교실에서 직접 만나 진행하던 면대면 교육은 이미 다양한 형태로 바뀌었고, 단순하게 진행되던 인간의 지적 교육도 해체되는 상황이다. 즉, 기존의 교육과 학습의 양태가 근본적으로 바뀌고 있다. 사람과 사람, 사람과 데이터의 만남을 넘어, 사람과 사물, 공간과 데이터가 대융합되는, 생활 세계의 패러다임 전환이 거듭된다. 이런 차원에서 교육은 패러다임 전환을 거듭하는 사회의 본질과 시대정신을 진지하게 고려해야 한다.

2. 삶과 교육의 변화

❏ 변화하는 인간의 삶

현대는 변화의 편재성, 지구촌 단위의 경쟁, 다품종 소량생산, 지식정보 서비스와 지식산업의 발전, 사이버공간으로 삶의 영역 확대, 교육과 문화 공학의 발전 등 다양한 측면에서의 발전이 계속되는 사회이다.

지식기반 사회는 변화와 혁신에 보다 민감하다. 변화와 혁신 가운데 존재하는 삶은 끊임없는 경쟁에 휘말리게 마련이다. 이런 상황에서 발전을 엮어내지 못한다면, 그런 인생은 퇴직이나 낙오로 연결된다. 지식기반 사회의 근본적인 속성 때문이다. 혁신 없는 기업은 시장에서 퇴출되기 때문에 기업은 새로운 발상, 창의적인 노동자를 원한다. 개인은 새로운 지식을 끊임없이 받아들여야 하고, 새로운 각도로 사고하여 창의적 발상을 하도록 요구받는다. 다시 말해, 교육과 훈련은 사회적 요구에 따라 개인이 지식을 쌓는 중요한 수단으로, 생애의 일정한 시절이 아니라 평생에 걸친 활동이 된다.

사람 사이의 커뮤니케이션 방식도 크게 변화하고 있다. 과거와 같이 유형의 물리적인 우편물로 소식을 전하는 것이 아니라, 휴대전화나 인터넷을 이용하여 실시간, 비실시간으로 의사소통을 한다. 텍스트 위주의 커뮤니케이션 방식이 멀티미디어와 영상을 이용한 방식으로 발전하고 있다. 커뮤니케이션 공간도 가상공간으로 확대되어 나날이 새로운 사람을 만나 이야기를 나눈다. 한 번도 얼굴을 마주 대하지 않았던 사람들과 친분관계를 맺고 유지하며, 나이, 성별, 학력과 같은 인간의 외면적 특징과는 무관하게 관계가 형성되기도 한다.

가상공간은 우리가 일하고 배우며 즐기고 쇼핑하는 방식을 빠르게 변화시키고 있다. 'e – 비지니스'라는 가상의 시장은 물리적 시장을 대신한다. 이제 웬만한 사람이면 인터넷을 통해 물건을 주문한다. 이런 광경이 우리 삶의 풍경이다. 'e – 뱅킹'으로 은행에 가지 않고도 업무를 처리한다. 'e – 민원서비스'는 관공서에 가지 않고도 원하는 공문서를 처리하게 한다. 물리적 공간으로 캠퍼스가 존재하는 대학에 다니지 않고도, 가상대학(Cyber University)을 통해 학점을 따고 학위를 받는다.

나아가 가상공간은 물리적 세계와는 다른 방식으로 창조되고 운영된다. 물리적 세계에서 우리는 먹고 마시며 다른 사람들과 얼굴을 마주 대하면서 살아가지만, 가상공간에서 우리는 아바타로 표현된 자신의 분신을 창조하고, 다른 아바타와 상호 교류하며 살아간다. 예를 들어, 고등학교 캠퍼스를 가상공간에서 창조한다면, 교무실, 도서관, 교실, 상점, 기숙사 등등이 가상환경 속에 보일 것이다. 교사와 학생, 직원은 아바타로 표현되고, 학생들은 그 가상공간에 등록을 하고, 다른 사람들과 대화를 나누면서 수업을 듣는다. 가상공간에서 현실의 물리적 공간처럼 먹고 마실 수는 없지만, 우리의 아바타는 실제 학교에서 생활하는 것처럼, 다양한 학습활동을 하고, 수업이 거듭되면서 더욱 진화하여 마침내 가상의 학교를 졸업하게 될 것이다.

☐ 변화를 요구받는 교육

다가오는 교육은 현재 행해지고 있는 교육과는 분명히 다른 모습일 것이다. 그렇다고 어떤 모양의 교육일 것이라는 예측도 쉽지 않다. 첨단과학기술 문명의 진화만큼이나 조만간 경험하게 될 교육은 변화를 거듭할 것이라는 추측만이 가능하다. 학습 장소는 어떠할 것이며, 학습내용과 방법, 학습자 역할은 어떻게 진화할까?

분명한 것은 학습 장소가 상당히 바뀔 수 있으리라는 추측이다. 전통 교육은 일정한 장소에서 일정한 시간에 학습이 행해졌다. 그러나 테크놀로지의 발달과 평생학습의 요구는, 이미 언제, 어디서나 학습이 이루어질 수 있도록 만들었다. 일정하게 정해진 교육기관은 물론, 그 외부에서 이루어지는 학습이 다양한 모습으로 등장할 것이다. 현장학습이나 여가시간의 활용과 같은 전통 강의식 교육을 초월하는 학습의 양식이 팽창할 것이다.

또한 교육과 작업현장이 분리되지 않고, 작업현장 자체가 교육현장이자 중요한 학습장소가 된다. 일과 통합된 학습형태는 일과 학습이 분리된 직업훈련 형태와 서로 경쟁하면서 다양한 교육의 방식을 모색할 것이다. 학교교육의 경우, 학교에 출석하여 학습하는 형식이 어느 정도는 유지되겠지만, 사이버교육이 발달하면 할수록 전통적인 강의실 수업은 줄어들게 마련이다. 학교는 전통적으로 지식을 주고받는 장소였지만, 이제는 점차 공동체 활동, 사회적 활동을 하는 공간으로 변화할 것이다.

가까운 미래에는 학생들이 학교에서 단순하게 지식을 배우는 측면을 넘어설 것이다. 학교교육과 직업진로교육이 통합되고, 학생들이 갖추어야 할 역량도 현재의 상황과 다른 차원을 지향할 것이다. 직업진로교육의 측면을 부각할 때, 학습기술, 즉, 학습할 수 있는 능력이 교과관련 지식을 습득하는 일과 대등하게 등장할 수도 있다. 또한 사회 심리적 기술이나 미디어활용 능력, 다문화 능력 등 사회를 살아가는 데 필요한 기본적 능력과 태도가 매우 중요하게 대두할 것이다.

학교에서 길러야 하는 능력이 특정 영역의 지식을 전달하는 수준을 넘어 학습능력이나 정보 문해능력, 인성의 발달에 초점을 두어야 한다면, 학습 방법에서도 변화할 수밖에 없다. 주요한 학습 방법으로 간학문적 학습, 실생활과 연관된 학습, 자기 주도적 학습, 매체활용 학습, 팀 학습 등이 있다. 이처럼 다가올 교육은 전통교육에서 주류를 이루었던 방식, 교실에서 이루어지던 교사의 일방적 수업에만 의존하지는 않을 것이다.

지식기반 사회에서의 학습자는 전 생애에 걸쳐 지식을 탐구하는 탐구자의 역할을 하고, 팀에 기반한 학습, 프로젝트를 수행하면서 더불어 하는 학습을 하게 될 것이다. 학습자가 수동적인 지식수용자가 아니라 적극적인 탐구자, 공동연구자로서 역할을 맡게 되며, 학습하는 방법을 학습하는 것이 구체적인 교과내용을 배우는 일보다 중요시된다. 이는 현실에서 부딪히는 문제를 중심으로, 지식과 정보를 획득하고 처리하며 평가하는 연습을 통해 학습이 이루어져야 함을 의미한다.

이러한 시대의 교육은 교사의 역할에 상당히 변화를 예고한다. 교사는 학생의 학습활동을 돕기 위해, 학생의 지식획득 과정을 돕는 조언자의 역할을 한다. 학생의 자율성을 자극하고 학습에 몰입할 수 있도록 돕는다. 교사는 학습 컨설턴트나 멘토의 역할뿐만 아니라, 다음과 같은 역할도 부여받는다. '가정-사회-학교 사이의 커뮤니케이션 통로', '역량 평가 전문가', '삶의 모델 및 상담자', '학습공동체 문화 형성' 등 기존의 교과지도나 생활지도 차원을 능가하는 교육활동이다.

첨단과학기술의 진보는 인간의 생명을 연장했을 뿐만 아니라, 교육의 시간에도 큰 변화를 가져왔다. 그것은 '평생교육'이라는 한 마디로 정돈할 수 있다. 과거의 교육은 학교교육으로 대변되었다. 그러나 이제는 '유치원-초·중등학교-고등교육(대학)'을 중심으로 하는 학교교육만으로 교육을 정돈하기에는 너무나 많은 한계에 부딪힐 수밖에 없다.

평생교육의 핵심은 학습이 생애의 일정 시기에만 이루어지는 제한적인 것이 아니라, 개인의 삶 전반에 걸쳐 이루어지도록 하는 것이다. 평생교육은 현대사회의 급속한 발달과 세계화, 경쟁 및 갈등의 심화, 지식의 폭증에 따른 새로운 형태의 교육 필요성 등을 바탕으로 한다. 학교교육 중심의 교육에 대한 관념을 깨고, 새로운 교육적 인식을 요구한다. 이러한 관점에서 본다면, 대학과 같은 고등교육은, 평생교육의 학습기술을 배우고, 인생의 교양을 익히는 과정으로, 평생학습을 대처하는 능력을 기르는 단계로 파악할 수 있다. 그것은 다음과 같은 이해를 필요로 한다.

첫째, 교육은 하나의 전체로서, 평생에 걸친 과정이다. 교육은 생애의 일정 시기에, 특정한 장소에서 일어나는 일부 현상이 아니라, 삶의 모든 단계에서, 모든 상황과 환경 속에서 일어나는 전반적인 현상이다.

둘째, 교육은 삶의 일부로서 자발적인 과정이다. 교육은 교육을 제공하는 기관이나 과정에 고정되어 국한되는 것이 아니다. 비정규적이고 비형식인 교육도 포함하고 있고, 형식교육과 비형식교육이 통합된 형태로 이루어진다. 이때 교육은 더 이상 고정된 지식을 전달하는 일에 그치지 않고, 개인이 자신의 필요에 맞게 자발적으로 목적의식적으로 행하는 자기 주도적 활동이다.

셋째, 교육의 과정을 체험하고 인식하는 방법이 변화한다. 이제 교육과 훈련은 직장에서의 근로시간이나 여가시간과 분리된 사안이 아니라, 삶과 통합된 것으로서의 학습, 직업, 여가가 혼합된 형태로 이루어진다. 교육의 과정은 삶의 실제적 현실과 결부되어 개인의 삶에 대한 성찰이 이루어지고, 다른 사람들과의 의사소통을 통해, 자아실현과 경력개발을 이루는 과정이다.

넷째, 학습은 인간의 삶의 중심적인 기초 기능으로서 자기 주도 학습과 학습할 수 있는 능력을 중시한다. 평생교육은 개인이 자신의 학습을 책임지고 계획하고 진행하는 학습이다. 이를 위해서는 자기 주도적 결정력, 학습할 수 있는 능력이 있어야 한다.

❖ 학습활동 2 - 시대정신 탐구와 교육변화의 인식

구분	구시대의 사회모습과 교육 (요약/정돈)	새 시대의 사회모습과 변화하는 교육(구상/창조)
개별 사고 활동		

시대정신을 고려한 교직의 철학과 적성

공 동 체 사 유 전 개

종 합 정 돈

새 교육을 향한
철학적 사유

새 교육을 향한 철학적 사유

1. 인간 존재의 이해

❏ 기투와 죽음

시대의 변화는 필연적으로 교육의 변화를 유도한다. 교육은 인간만의 고유활동이기에, 인간이라는 존재 자체를 이해하는 일은 변화하는 교육을 대비하는 유용한 양식이 된다. 새로운 교육 패러다임을 이해하기 위해, 인간을 어떤 방식으로 파악하면 좋을까? 실존주의(實存主義, existentialism)에 기초한 세 가지 관점을 제기해 본다.

첫째, 인간은 이 세상에 '우연히 내던져진 존재'이다. 우리 모두는 내가 원해서, 이 시기에 이 땅에 태어난 것이 아니다. 자신의 의지와 무관하게, 21세기 대한민국에, 우연히 태어나 살아가고 있다. 이처럼 사람은 누구나, 어떤 사회에 우연히 내던져지는 방식으로 태어나, 저마다의 삶을 살아가게 된다. 이 세상에 내던져지는 방식으로 존재하게 된 것은 이른바, '기투(企投, Projection)'이다. 하이데거(1889－1976)에 의하면, 기투는 던져진 자로서의 현존재이다. 던져진 자는 기투라는 존재 양식 속으로도 이미 던져져 있다. 이런 기투는 이해의 실존론적 구조이다. 현존재는 현존재로 존재하는 한, 그 때마다 이미 자신을 기투하였고, 기투하면서 존재한다. 이런 기투를 인식하는 사람은 혼란을 느끼게 마련이다. 자신의 존재 근거가 불확실하다는 불안과 두려움, 자기 삶에 대한 중심을 잡지 못하고 나아갈 방향을 가늠할 수 없는 데서 우왕좌왕한다. '우연히 내던져진 존재'로서의 불안과 정체성 혼란을 해결하기 위해, 던지는 교육적 질문들이 있다. '어떻게 살아야 하는가?', '무엇을 하며 살아야 하는가?', '사람답게 산다는 것은 무엇인가?' 특히, '나답게 살 수는 있는 것인가?' 등등 자기 존재를 향한 물음들이 그것이다.

둘째, 인간은 태어나게 되면, 어떤 사람도 예외 없이 죽게 되어 있다. 사람에 처한 상황에 따라 다르지만, '인간은 누구나 죽는다!'라는 것만은 명확한 사실이다. 즉, 모든 인간은 죽음이 예정된 삶, 죽음을 향한 삶을 살아간다. 누구나 죽을 수밖에 없는 운명이 당연하고 확실한 사실이라면, 인간의 일생, 개인의 삶은 시작과 끝, 태어남과 죽음이라는 단 한 번의 과정을 겪을 수밖에 없다. 오로지 한 번만 태어나고 죽게 된다는 사실은, 삶의 한계와 반복할 수 없는 유일한 인생의 소중함을 자각하게 만든다. 인생을 보다 의미 있고 아름답게 살고 싶은 욕망과 이성을 고양시킨다. 보다 가치 있고 아름다운 삶은 자신의 존재와 삶의 불확실성에서 오는 불안과 두려움을 떨쳐내고, 이 세상의 모든 존재를 사랑하고 서로 나누면서 자기다운 삶을 실현해 나가는 일이다. 교육은 그런 삶을 향해 있다.

셋째, 인간은 우연적 태어남과 필연적 죽음으로 생애를 구성할 뿐만 아니라 자신의 삶은 누구도 대신해 줄 수 없다. 이에 인간은 자기 인생의 주인공이 되어 주체적인 삶을 살아야 한다. 사람은 누구나 죽을 때까지 자신의 삶을 책임져야 한다. 왜냐하면 어떤 누구도 자신의 삶을 대신해줄 수 없기 때문이다. 그것은 자신의 인생을 자신의 힘으로 의미 있게 살아가야 한다는 뜻이다. 동물은 본능에 따라 살기 때문에, 인간처럼 자율적이고 주체적인 삶의 여지가 없다. 그러나 인간은 동물적 본능을 극복하며 누구나 스스로 채워나갈 수 있는 자유의 영역을 지니고 있다. 인간에게서 자유는 미결정 상태이자 미완성 상태이다. 불안의 요인이자 자신이 원하는 삶을 실현할 수 있는 가능성과 잠

시대정신을 고려한 교직의 철학과 적성

재성의 영역이다. 인간은 자신의 삶과 공동체적 삶을 개인적으로 또는 집단적으로 새롭게 만들어갈 수 있는 존재이다. 따라서 인생은 기대와 욕망, 열정과 포기, 성공이나 실패로 인한 헤아릴 수 없는 우여곡절이 있다. 교육은 그 실체를 정확하게 인식하고, 인생을 긍정적인 방향으로 유도하는 작업이다.

❏ 자유와 주체성

인간은 우연히 내던져진 채로, 아울러 미완성인 채로, 이 세상에 와서, 자유를 통해 자기 뜻대로 살 수 있는 존재이다. 그만큼 자기 삶의 주인공이 될 수 있다. '나는 어디에서 왔을까?', '어디로 가는 걸까?' 이런 사안을 모른 채 살아간다는 것은, 누군가를 사랑하고, 스스로 삶의 의미를 부여하면서 살아갈 수 있는 특권이 주어져 있는 것과 같다.

사르트르(1905-1980)는 "인간은 자유의 저주에 처해진 존재이다!"라고 언표했다. 인간은 누구나 자신의 삶을 스스로 결정해서 살 수 있는 자유가 주어져 있다. 동시에 그 자유로 자신의 고유한 삶과 행복을 일구어야 할 삶의 몫과 의무가 있다. 자기 인생의 주인으로 산다는 것은 단순한 인과법칙에 의해 움직이는 것이 아니다. 자기 삶의 원리와 규칙을 스스로 정하고, 그에 따라 타인과 함께 살아간다는 것을 의미한다. 다시 말해, 노예가 아닌 주인으로 자기 삶을 산다!

주인공으로 산다는 것은 외부조건의 영향에 따라 자신의 감정과 생각을 일방적으로 결정당하지 않는다는 말이다. 자신의 꿈과 욕망에 충실하며 자기 삶과 세계를 주체적으로 만들어가는 과정이다. 그것은 참된 자기의 삶을 펼치는 여로이자 자기실현의 여정이다. 때문에 인간은 삶을 온몸으로 체험하고, 가장 절실하고 중요한 사안으로 느껴지는 일, 가장 진실한 것으로 감동받은 일, 인간의 존엄성과 자유를 고양시키는 일 등에 솔직해지고, 거기서 얻은 지혜를 외면하지 않고 인생의 등불로 삼는 지혜가 필요하다. '자기 삶과 인생의 문을 열어젖힐 수 있는 열쇠를 어디에서 찾을까?', '자기 삶의 세계를 어떻게 새롭게 만들어나갈 것인가?' 이에 대한 결정력은 각자의 사유와 실천에 달려 있다. 이 지점에서 교육적 사고력과 상상력을 발동해야 한다.

2. 인생의 의미

□ 인간답게, 그리고 나답게

'인생(人生, life)'은, 말 그대로, 사람의 삶이다. 사람이 삶을 영위하는 한 누구나 잘 삶을 꿈꾼다. 잘 사는 삶이란 무엇일까? 그것은 한 마디로 '인간답게' 살아가는 일이다. 개인의 경우, 특히, '나답게' 살아가는 것이다. 인생을 잘 사는 경우, 바쁜 사람이기보다 좋은 사람으로 규정할 수 있다. 좋은 사람은 일반적으로 자기가 할 일을 제대로 처리하면서 남을 배려하고, 나아가 자기 일을 훌륭하게 이행하면서도 어렵고 힘든 소외된 사람들을 적극적으로 돕는다. '인간답게' 살고, '나답게' 사는 일은 교육이 추구하는 핵심 가치를 상징한다.

그렇다면 '인간답게' 산다는 것은 무엇일까? 어떤 차원에서 의미가 있을까? 자신의 삶이 인간답다면, 그것은 다른 사람은 물론, 지구에 존재하는 생태 구성원에게 피해를 주지 않으면서, 공존(共存)과 상생(相生)을 지향하는 삶이 될 수 있다. 그것은 협력(協力)의 바탕을 이룬다.

또한, '나답게' 산다는 것은 무엇일까? 어떤 차원에서 의미가 있을까? 한 인간이 '나답게' 산다는 것은 내가 무엇을 원하는지를 알고, 내가 무엇을 할 수 있는 사람인지를 알고, 앞으로 그것을 해낼 수 있을 것이라는 자기 믿음에서 싹튼다. 특히, 나와 세상에 대한 신뢰를 갖고, 그것의 구현을 위해 적극적인 노력을 할 때, 자기다운 삶을 살 수 있다. 대부분의 사람들은 세상에 인정받지 못할 때, 꿈이 좌절됐을 때, 자기답지 못하게 된다. 그러나 주체적 인간이라면, 이런 상황에 굴복하거나 좌절할 필요가 없다.

'나답게' 사는 삶을 유지하기 위해서는 다양한 측면을 고려할 필요가 있다. 예를 들면, 고민이나 좌절이 생길 때 다른 사람과 충분히 의사소통할 수 있는 용기를 가져야 한다. 타인이 자신의 문제를 제대로 이해해주지 못하거나 해결책을 제시해주지 못하더라도, 그 사람이 내준 시간과 정성에 감사하는 마음을 가질 줄 알아야 한다. 이 세상에는 나에게 상처를 주는 사람도 있지만, 그와 반대로 나를 도와주고 사랑해주려는 사람도 있다는 사실을 믿어야 한다. 그리고 나의 꿈이 좌절되었을 때, 이 꿈이 나의 향후 삶에 얼마만큼 소중한 가치가 있는지 되새길 수 있어야 한다. 언제든지 꿈이 좌절될 수도 있음을 받아들이고, 이를 계기로 자신의 삶과 공동체의 삶에 대해 성찰할 수 있어야 한다. 이런 삶의 자세가 인간을 더욱 성장할 수 있도록 하는 발판이다. 그것은 인생의 긍정적인 힘으로 작용한다.

❏ 내 삶의 행위 동기

내가 원하는 대로 삶을 살기 위해서는 어떤 방법이 필요할까? 멋진 인생을 사는 특별한 방법이 있을까? 내 인생을 가장 훌륭하게 사는 방법은? 주어진 내 삶과 자유를 선용할 수 있는 방법은? 내 인생을 보다 좋고 낫게 사는 방법은 무엇일까? 삶에 관한 방안을 모든 사람에게 적용되는 구체적 방법으로 제시하는 것은 쉬운 일이 아니다. 사람마다 특성이 다르고, 처한 상황이 다르기 때문이다. 그렇더라도 상당수의 사람이 수긍할 수 있는 양식을 고민해 보자.

먼저, 타인의 명령이나 관습, 보상체계 등 외부의 요구와 구속에서 자신을 자유롭게 만들어야 한다. 타율적 삶을 나의 삶으로 받아들일 수 있으려면, 두 가지 전제 조건이 필요하다. 하나는 타인이 제시한 삶이 나에게 최선의 삶이 될 수 있어야 하고, 다른 하나는 그러한 삶을 권장하는 타인의 의도가 나쁘지 않고 나의 삶에 도움을 주려는 선한 의지에 터해야 한다. 하지만, 전지전능한 신이 아닌 유한한 인간의 능력으로, 이 두 가지를 동시에 충족시킬 수 있는 사람은 드물다. 때문에 인간은 오로지 자유의지에 따라 자신의 삶을 '자율적'으로 가꾸어 가야 한다.

또한, 삶의 기준을 고려할 필요가 있다. 어떤 사람이건 관계없이, 멋진 삶을 판단하는 절대적 기준을 정하기는 매우 어렵다. 인생은 각자 다양한 삶을 펼치기 때문에, 하나의 잣대로 평가할 수도 없고, 그렇게 평가해서도 안 된다.

삶의 도구나 직업이 구체적일 경우, 그것이 확정되거나 외부에서 주어진 기준에 의거하여 원래의 기능을 잘 발휘하느냐의 여부에 따라 좋고 나쁨이 결정된다. 기준에 맞게 기대되는 결과를 낳으면, 그것은 좋은 삶의 도구이거나 직업인이 된다. 전문가가 그 영역의 활동을 잘 하면 좋은 전문가이고, 삶에 필요한 도구가 정해진 기능을 잘 하면 좋은 수단이 된다. 예컨대, 볼펜이 종이에 잘 써지면 좋은 볼펜이다. 자전거는 고장 없이 길 위로 잘 굴러가면 좋은 자전거이다. 좋은 축구선수는 골을 넣거나 골을 넣는 데 도움을 주어 팀의 승리에 이바지하는 선수이다. 좋은 교사는 잘 가르쳐 학생이 제대로 배울 수 있도록 하는 사람이다.

그러나 인간은 자율적 삶을 살아가는 사람이지, 단순하게 어떤 기능을 위한 삶의 도구가 아니다. 누군가에 대해, 그 삶이 좋은지 나쁜지를 평가하는 기준이나 규정을 함부로 정할 수는 없다. 각자의 의도와 의지뿐만 아니라, 저마다 처한 상황과 조건에 따라 그 좋음이나 나쁨에 대한 평가가 달라지기 때문이다. 이 지점에서 중요하게 고려할 사항이 있다. 인간의 삶은 도구처럼 정해져 있으므로 각자가 자기 삶의 목적을 부단히 설정하여 보다 나은 행복한 삶을 향해 나가야 한다는 점이다. 이것이 자신의 삶을 타율적이지 않고 자율적으로 살아가야 하는 이유이다.

자율적 삶을 고민할 때, 행위의 동기를 성찰하는 일이 매우 중요하다. 행위의 동기는, '내가 왜 이렇게 행동하는가?'에 대한 답변이다. 그것은 외부의 명령이나 관습에 의해 타율적으로 따른 것일 수도 있고, 내부의 기분이나 충동에 의해 자발적으로 따르는 것일 수도 있다. 예컨대, 주변의 상벌에 대한 불안감이나 기대 수준으로 인해 행동한다면, 외부의 명령에 복종하게 된다. 관습이 자신의 소속감이나 정체감을 높여준다고 생각한다면, 일시적 관행이나 유행에 순응할 수밖에 없다. 내적 충동이나 기분에 따르는 것은 즉각적 욕구에 만족을 주고, 그것이 보다 자유롭다고 느끼게 한다. 그런데 이런 방식으로 행동하는 것이 올바로 선택하고 행동하는 삶일까? 내가 원하는 대로 사는 삶이라고 하여, 단순하게 내 멋대로, 기분 내키는 대로 행동하고 선택하는 형식은 아니다. 그것은 다음과 같은 행위의 동기를 고려해야 한다.

첫째, 자기 삶의 능력을 기르는 일에 초점을 두어야 한다. 그것이 잘 사는 비결이자 행복한 삶으로 가는 길이다. 그러기 위해서는 자신의 삶, 자기가 지금 원하는 일이나 행동에 대해 성찰하는 능력을 길러야 한다. 다시 말해, '행복한 삶이란 무엇인가?', '내 인생을 당당한 삶으로 만들어주는 것은 무엇인가?'와 같은 자기를 향한 물음을 통해 부단히 성찰하는 일이다. 자신의 삶을 한두 가지 요소로 단순하게 재단하는 것은 어리석은 행위이다. 현명하게 자기 인생을 살기 위해서는, 즉각적 욕구나 충동에 사로잡혀 그것을 최우선으로 삼지 않아야 한다. 또한 남들에게 성공한 사람으로 보이는 것에도 만족하지 않아야 한다. 그보다는 다른 사람들과 진솔하게 대화하고, 타인의 말에 귀 기울일 줄 알아야 한다. 동시에 자신의 삶과 자유는 누구도 대신해서 행사할 수 없으므로, 타인의 인정이나 사회적 요구에서 벗어나, 독립적으로 자신의 인간다운 삶이나 행복을 위해 끊임없이 결단하고 실천해 나가야 한다.

둘째, 원하는 사안들이나 욕구들 사이의 우선권, 그리고 가치의 경중과 그 완성 여부를 따지면서, 그에 맞게 행동하는 지혜가 필요하다. 그것은 자신의 '과거─현재─미래'를 현실화하는 능력이다. 원하는 것이나 하고 싶은 일은 지금 당장 실천할 수 없더라도, 그것에 대해 열정을 갖고 꾸준히 능력을 키워나가면, 잘 할 수 있는 일로 만들 수 있다. 나아가 그것은 일생 동안 몰입하고 매진할 수 있는 소명의식으로 느껴지면서, 반드시 해야 할 일, 할 때마다 즐거운 일로 발전시켜 나갈 수 있다.

3. 관계의 인식

❑ 자기 자신과의 관계

인생에서 다양한 차원의 관계에 대한 인식은 매우 중요하다. 특히, 자기 자신과의 관계는 모든 관계를 가늠할 수 있는 기준이다. 그것은 다음과 같은 차원에서 고민할 수 있다.

첫째, 자신의 몸과 성(性)과의 관계이다. 이는 자기의 욕망과 쾌락을 지배하고 적절히 활용하려는 자세이다. 자신의 욕망과 쾌락을 제어하려는 투쟁적 태도를 지닌다. 자신의 욕망과 쾌락을 자기 삶의 가치를 증대시키는 방식으로 활용하려는 삶의 양식이기도 하다. 그것은 적절하게 자신의 쾌락을 지배하여 알맞게 욕망하려는 자기 자신과 관계를 맺는 자세를 갖추어 교육에 임한다. 자신의 쾌락과 욕망을 올바르게 활용함으로써 자기 자신을 돌보려는 마음가짐이나 체력 단련 등 건강 관리, 성적이나 쾌락의 관리, 외모 관리 등이 이에 해당한다.

둘째, 나됨을 결정하는 정체성과 존엄성에 관한 사안이다. 이는 사회적 조건이나 생물학적 상태에 따라 규정하지 않고 철학적·종교적·예술적 차원의 다양한 자기 이해를 바탕으로 한다. 그만큼 자기 존재의 의미와 가치를 확보해 나가는 자세를 지닌다. 이러한 자기 존재의 의미와 가치는 사회적 조건에 좌우되지 않는다. 자기 자신을 교환 가능한 사물적 존재로부터 대체 불가능한 고유한 존재로 정립한다. 즉, 존엄성과 사랑으로 자기를 실현하는 세계로 자리매김한다. 그것은 자유와 의미의 세계를 독립적으로 세움으로써 실존의 분열과 불안에 대처할 수 있다.

셋째, 자기 삶의 가치를 평가하는 기준의 설정이다. 이는 사회적 지위나 배경처럼 외적·사회적 가치, 즉, 사회적 유용성, 특히, 경제적 가치보다 '나답게 살아가는 능력'의 증대와 연관된다. 기쁨의 증가, 힘의 크기 확대, 타인의 실존을 책임지려는 사랑의 의지 등과 같은 내적 기준을 설정하여 그에 맞게 살아가려는 자세를 키워나간다. 그것이 바로 자신의 삶을 보다 나답게 살아갈 수 있도록 한다.

☐ 타자와의 관계

나와 타자의 관계에서, 타자와 맺는 관계는 타자에게 피해를 끼치지 않는 방식으로 자신의 욕망과 꿈을 실현하려는 태도와 사고방식이다. 타자와의 관계는 '타인과의 관계', '사물 또는 물건과의 관계', '자연 생태계와의 관계', '지식과의 관계' 등으로 대별해 볼 수 있다.

첫째, 타인과의 관계이다. 이는 '생산－소비－유통'의 그물망으로 짜인 상

시대정신을 고려한 교직의 철학과 적성

호 의존적 관계망으로서의 지구촌 세계를 바로 인식하는 문제와 연관된다. 차별과 불평등을 조장하는 지구적 차원의 관계망과 사회구조나 사회제도를 정의로운 시스템으로 만든다. 보다 합리적이고 공정한 사회규칙과 규범으로 개선해 나간다. 구성원의 적극적 참여와 상생의 공동체를 만드는 방법도 이와 연관되고, 인간의 존엄성을 고양하는 사회구조와 사회관계를 확장해 나가는 일과도 관련된다. 또한, 사회적 권력이나 힘의 크기로 타인을 일방적으로 차별적으로 대하지 않고 자기 자신과 대등한 인격적 존재로 만나는 일, 물질과 서비스, 문화예술을 생산하는 사람의 노동과 가치를 인정하고 감사하는 마음으로 소비하거나 소유하는 일, 생산자의 노동에 정당한 대가와 가치를 인정하고 보장하는 방식의 소비, 즉, 윤리적 소비의 자세와 태도를 지니고 살아가는 일, 타인과 시민사회를 사회적 연대를 통해 건강하게 건설하고 고쳐나가는 동반자로서 서로 독립성을 유지하면서도 도움을 주고받는 호혜적 관계를 나누는 자세를 지닌다.

둘째, 사물 또는 물건과의 관계이다. 이는 사물이나 상품을 단지 일회적 소모품으로 여기는 태도에서 벗어나는 시선을 전제로 한다. 물건이나 상품에 담긴 자연의 유한한 자원으로서의 측면과 인간의 정성과 노동이 담긴 생산물로서의 측면을 고려한다. 유한한 자원을 아끼는 마음과 타인의 땀방울이 담긴 노동 생산물을 아끼는 마음이 가득하다. 때문에 소유하거나 소비하는 태도나 사고방식을 어떻게 지니느냐와 관계된다.

셋째, 자연 생태계와의 관계이다. 이는 자연 속의 인간으로서 전 지구적 생태계를 생명의 그물망으로 인식한다. 생태계를 구성하는 구성원으로서 식물, 동물, 생명의 기반을 제공하는 자연적 사물들의 존재에 대해 감사하는 마음이 요청된다. 인류의 생존과 행복에 필요한 최소한의 살상과 변형, 적절하게 이용하는 태도와 사고방식을 지닌다.

넷째, 지식과의 관계이다. 이는 인간과 사회에 대한 지식, 자연 생태계에 대한 지식, 자기 자신과 관계 맺는 방식에 대한 지식을 포함한다. 이 각각에 대해 '누가 왜 그렇게 말하는가?'를 비판적으로 성찰하고 전 인류의 자유와 평등을 증진시키는 지식을 취사선택하여 주체적으로 수용한다. 자연의 법칙이나 사실에 얼마나 부합하는가? 얼마만큼 지구생태계의 건강과 인류의 생존과 평화에 이바지하는 지식인가? 이런 사안을 기준으로 취사선택하는 작업과 관계된다. 그리고 그것을 21세기의 맥락과 문제 상황에 맞게 재구성하는 방식으로, 인류 공통의 지혜인 지식과 학문을 계승하고 발전시키는 자세이다. 그리하면 삶과 사회의 구체적 문제의식과 해결방안에 대한 통찰력을 중심으로 자연의 법칙과 보다 나은 사회적 실천과 윤리적 삶의 방식을 집단지성의 힘을 통해 새롭게 창조할 수 있다. 아울러 모든 지식에는 나름의 유용성과 한계가 있음을 유의한다. 지나치게 절대화하지 않고 새로운 관점과 주장에 개방적인 자세로 기존의 관점과 지식의 문제점을 넘어설 수 있는 관점과 접근을 창안하려는 자세를 지닌다.

4. 자기 이해의 과정

자신을 이해하고 새로운 시대, 새로운 교육 패러다임을 고민하기 위해서는 구체적 실천양식이 필요하다. 윌리엄 글래서(William Glasser)는 행동의 변화를 위한 자기 이해의 과정을 현실요법의 차원에서 다음과 같이 제시한다. 그것은 '욕구·바람 탐색―행동 방향 탐색―바람·행동·계획에 대한 자기 평가―계획하기'의 과정을 거친다. 즉, '욕구(Want)―행동(Doing)―평가(Evaluation)―계획(Plan)'을 통해 자기 이해를 강구한다.

첫째, 욕구나 바람을 탐색하는 단계이다. 이 단계에서는 자신이 '무엇을 원하는가?', '진정으로 원하는 것이 무엇인가?', '사람들이 당신에게 원하는 것이 무엇이라고 생각하는가?', '자신이 원하는 것을 얻고 또한 자신의 행동을 변화시키기 위해 얼마나 많은 노력과 에너지를 쏟을 수 있겠는가?'라는 물음을 진지하게 던져야 한다.

'무엇을 원하는가?'라는 물음은, 자신의 질적 세계를 탐색하고, 이제까지 희미하게 알았던 자신의 바람을 확실하게 알려는 노력이다. 그것이 분명할수록, 인간은 자신이 원하는 것을 얻을 수 있는 가능성을 높일 수 있다.

'진정으로 원하는 것이 무엇인가?'라는 물음은, 답하는 것이 쉽지 않다. 하지만, 이러한 질문을 계속적으로 진행함으로써 우리가 성취할 수 있는 현실적인 그림을, 자신 안에 있는 이상적인, 어쩌면 비현실적인 그림과 바꿀 수 있도록 도움을 준다. 좌절을 해결해 나가면서, 또는 우리의 주위 환경에서 원하는 것과 경험하고 있다고 자각하는 것 사이의 간격을 좁혀 나감으로써, 충족되지 못한 욕구를 구분해 낼 수 있다.

'사람들이 당신에게 원하는 것이 무엇이라고 생각하는가?'라는 물음은, 우리에게 영향을 미치고 있는 세상을 우리가 어떻게 보고 있는지 알 수 있게 한다. 주위 사람들과 우리가 원하는 것이 일치하는지, 또는 불일치하는지 알아봄으로써, 우리 자신의 마음에 내포되어 있는 근본적 욕구가 무엇인지 더욱 확실하게 볼 수 있다.

'자신이 원하는 것을 얻고, 또한 자신의 행동을 변화시키기 위해 얼마나 많은 노력과 에너지를 쏟을 수 있겠는가?'라는 물음은, 실질적으로 자신이 스스로를 위해 얼마나 노력할 수 있는지 측정해 봄으로써, 자신의 목적의식 정도, 목표의 성취 여부 정도를 가늠할 수 있다.

둘째, 행동의 방향을 탐색하는 단계이다. 여기서는 우리의 욕구와 바람을 탐색하는 일 이외에도, 현재 자신이 욕구하고 바라는 일을 위해 무엇을 어떻게 구체적으로 실천하고 있는지를 파악하는 작업이 필요하다. 자신이 욕구와 바람을 위해 행동하고 있다고 여겼는데 우울하고 화가 날 수도 있고, 욕구와 바람이 무엇인지 알면서도 그것과는 전혀 반대 방향으로 행동할 수도 있다. 이를 통해 자신의 욕구와 바람이 정말로 자신이 원하는 것인지 보다 구체적으로 알 수 있다.

셋째, 바람이나 행동, 계획에 대해 자기 평가를 하는 단계이다. 이 과정에서는 자신의 행동과 욕구의 관계를 점검한다. 여기서 핵심은 우리의 행동 변화를 위해 스스로 자기 평가를 얼마나 구체적으로 해낼 수 있는가이다. 이 작업을 위해 다음과 같은 질문들이 필요하다.

'나의 현재 행동이 나에게 도움이 되는가?', '내가 지금 하고 있는 일은, 내가 진정으로 원하는 것을 얻는 데 도움이 되는가?', '내가 행동하는 것이 규칙에 어긋나는가?', '내가 원하는 것은 현실적이거나 실현가능한 것인가?', '세상과 자신, 타인과 상황에 대해 이런 방식으로 보는 것이 나에게 도움이 되는가?', '내 인생의 변화를 위해 나에게 가족에게 친구에게 어떻게 약속을 하겠는가?', '이 계획들은 도움이 되는 계획인가?'

넷째, 계획하는 단계이다. 그것은 현실적이고 실현가능한 계획이어야 하고, 구체적이고 단순한 계획이어야 한다. 즉각적인 계획이어야 하고, 측정 가능하고 반복적인 계획이어야 한다. 또한 자신의 욕구를 충족시키는 계획이어야 하고, 나의 어떤 행위를 진행시키고 강화시키는 계획이어야 한다.

시대정신을 고려한 교직의 철학과 적성

❖ 학습활동 3 – 현실존재로서 인간과 자기 이해

▌인간 이해

구분	현실존재로서 인간
개 별 사 고 활 동	

공 동 체 사 유 전 개

시대정신을 고려한 교직의 철학과 적성

종 합 　 정 　 돈

▌ 자기 이해의 과정

구분	내용
욕구 · 바람 탐색 (Want)	
행동 방향 탐색 (Doing)	
바람 · 행동 · 계획에 대한 자기평가 (Evaluation)	
계획하기 (Plan)	
정돈	

시대정신을 고려한 교직의 철학과 적성

인성에 관한 고민

인성에 관한 고민

1. 인간의 본성

'인간이란 무엇일까?', '도대체 나란 어떤 존재인가?', 인류의 역사에서 인간 자신에 관한 물음은 수많은 사람들에 의해 다양하게 시도되었다. 특히, 서양 철학사를 보면, 1920년대 이후 '철학적 인간학'이라는 이름으로 '사람이 무엇인가'를 철학의 중심 문제로 다루는 경향이 나타났다. 그러나 아직도 인간이 무엇인지에 대한 명쾌한 결론을 이끌어내지는 못하고 있다. 다양한 이해와 해석을 하고 있을 뿐이다. 그것은 인간에 대한 존재 규명이 난제임을 보여준다. 게다가 인간을 둘러싸고 있는 세계는 끊임없이 변화한다. 정말 인간의 정체성은 어디에서 확보할 수 있을까?

인간에 대한 이해조차 불투명한 가운데, '인간의 본성'을 이해한다는 것은 쉬운 일이 아니다. 하지만, 인간의 역사를 통해 인간의 특징을 다른 사물들과 구별해 봄으로써 어렴풋하게나마 이해할 수는 있다. 예컨대, 인간은 '사회적 동물이다', '정치적 동물이다', '도구를 사용하는 동물이다', '유희의 동물이다' 등등의 언표가 그것을 대변한다.

그렇다면, 인간의 본성(the original nature)은 무엇일까? 본성은 선천적으로 타고나는 것일까? 후천적으로 형성되는 것일까? 서양에서는 인간의 가장 주요한 특징으로 '이성(理性, reason)'을 말한다. 특히, 합리주의에 의하면, 사람의 이성은 감성적 경험에 의존하지 않고, 합리적 판단을 통해 우리에게 참다운 앎을 가져올 수 있다고 한다. 그러나 반대로 경험주의자들은 감성(感性, sensibility)을 중시한다. 이성과 감성! 이 모두가 인간에게 존재하는 것인데, 한편에서는 이성을, 한편에서는 감성을 중시한다면, 인간의 본성을 어떻게 설명할 수 있을까? 인간의 본성은 이성적인가? 감성적인가? 아니면 이 둘을 포괄하는 것인가?

인간의 본성이 어떤 것이든, 거부할 수 없는 문제는 인간이 '사회적 존재'라는 점이다. '사회'라는 말은 이미 '사람과 사람 사이'의 어울림이 있고, 질서가 있으며, 윤리가 있고, 가치체계가 지배하고 있다. 그렇다면 인간의 본성은 자연적으로 주어지기보다는 사회 속에서 역사적으로 이루어지는 것은 아닐까? 한 인간이 다른 인간들과 더불어 사회 안에서 생활하면서, 그 사회가 공유한 문화유산을 습득하고 사회화하는 과정 속에서 본성이 형성되지는 않을까?

동양 최고의 성인으로 꼽히는 공자(孔子)는 인간성에 대해 이렇게 말한다. "인간성은 태어날 때는 서로 비슷하다. 그런데 사람마다 공부하여 어떻게 습관들이느냐에 따라 달라진다!"

이는 인간이 본질적으로 지닌 이성과 감성이, 어떤 환경에서 무슨 생각으로 공부하며 생활하느냐에 따라 달라짐을 보여준다. 이 또한 사회적 존재로서의 인간 본성에 대한 이해이다. 이런 인식 속에서는 인간의 본성이 선한 것인지 악한 것인지 확인되지 않는다. 인간은 짐승과 달리, 이성과 감성을 특성으로 한다는 점을 확인할 수 있을 뿐이다. 동물은 본능에 의한 행위만이 있을 뿐, 인간처럼 이성이나 감성과 같은 본성에 의한 사유를 전개하지 못한다. 인간의 선악 구분은 바로 본성에 대한 사유의 결과이다. 정말 본성은 선한가? 악한가? 이는 전적으로 인간의 행위와 사회의 발달 과정에 대한 인간 자신의 본성에 대한 의미 부여이다.

2. 선과 악의 기준

그렇다면 선과 악은 어떤 기준에서 의미부여 되었을까? 그것은 인간이 이루어 놓은 지적 유산과 가치관, 행위의 유형을 통해 추측할 수 있다. 사전적 정의에 의하면 선(善, goodness)과 악(惡, vice)에 대해, 대체로 이렇게 풀어 놓고 있다. "선은 착하고 정당하여 도덕적 생활의 최고 이상으로 되는 것이고, 악은 도덕적 기준에 벗어난 나쁜 의지나 행위이다."

여기에서 선과 악의 기준은 '도덕'과 관련되어 있음을 알 수 있다. 도덕적으로 옳고 정당하다면 선하고, 도덕적으로 그르고 타당하지 않다면 악한 것이다. 그렇다면 무엇이 도덕적으로 옳고 그른가? 이 또한 사회에 따라 복잡한 양상을 보여 왔다. 동양과 서양의 윤리와 덕목이 다르고, 민족마다 도덕적 가치 기준이 다르다. 또 종교 간에도 그 기준의 차이가 있다. 그러면서도 선과 악이라는 보편적 개념은 유효하다.

우리에게 흔히 알려져 있는 유학의 오륜(五倫), 즉, '부자유친(父子有親), 군신유의(君臣有義), 부부유별(夫婦有別), 장유유서(長幼有序), 붕우유신(朋友有信)'은 도덕적 덕목의 대표적인 예이다. 유학에서는 이 다섯 가지를 세상에 두루 통하는 보편적 도덕이며 도리라고 본다. 따라서 이를 잘 지키는 것이 선한 행위이다. 반대로 이를 행하지 못할 때, 악을 저지르기 쉽다. 선과 악을 생각해 볼 수 있는 또 하나의 예를 들어 보자.

"유럽에 특수한 종류의 암을 앓아 죽음에 임박한 하인츠라는 부인이 있었다. 의사가 그 부인을 구할 수 있다고 말한, 단 하나의 약이 있었는데, 그 약은 최근에 그 마을의 약제사가 발견한 라디움 종류였다. 그 약을 만드는 데에도 값이 비싼 편인데, 약제사는 제조비 대가로 10배나 더 요구하였다. 그는 라디움 재료에 200달러 그리고 거기에다 그 약 한 알에 2,000달러를 더 요구하였다. 하인츠 부인의 남편 하인츠는 아는 사람을 모두 찾아가 돈을 빌렸으나, 약값의 절반인 1,000달러밖에 구하지 못하였다. 그는 약제사에게 가서 아내가 죽어가고 있으니 그 약을 싸게 팔거나, 뒷날에 갚게 해 달라고 부탁했다. 그러나 약사는 '안돼요! 나는 오랜 세월 매우 힘들여 이 약을 발견했으니,

돈을 벌어야겠소!'라고 말했다. 하인츠는 절망하게 되었고, 마침내 약방을 부수고 들어가 아내를 위해서 약을 훔쳤다."

우리는 약제사와 하인츠, 그리고 아내 사이에 얽힌 묘한 관계를 이해할 필요가 있다. 그리고 누가 도덕적이고 비도덕적인가? 이 옳고 그름의 판단에서 선악의 기준을 발견할 수 있으리라. 그렇지 않다면 우리는 양도(兩刀) 논법인 딜레마(Dilemma)에 빠지게 된다. 왜냐하면 약제사나 하인츠는 나름대로 정당한 주장을 하고 있기 때문이다.

위의 딜레마처럼 무엇이 도덕적으로 옳고 그른 행위인지 판단하기 어려울 때, 인간의 본성이 선하냐 악하냐를 논하기란 쉽지 않다. 행동에 따라 달라진다. 또 처한 조건에 따라 동일한 사안도 달리 보일 수 있다. 그러면 우리 인간은 자기 본성을 어떻게 이해해 왔을까?

3. 동양의 전통적 인성론

전통적인 동양 사회, 특히 유학에서는 인간을 어떻게 보았을까? 유학은 인간의 마음을 매우 중시한다. 이때 마음은 몸과 분리되지 않고 통일된 상태로 드러난다. 그리고 인간의 마음[心]은 성품[性], 인정[情] 등과 밀접히 연관되어 있다. 따라서 성품이나 본성은 마음의 작용과 필연적으로 관계한다. 앞에서 본 것처럼, 유학의 집대성자인 공자는 인간의 본성은 사람마다 태어나면서 '비슷하다'고 했지, 그것이 선한지 악한지는 말하지 않았다. 다만 학습과 습관에 따라 달라진다고 했다. 이는 선과 악의 바탕이 인간이 태어난 뒤에 점차 형성된다는, 후천성, 또는 교육에 무게중심을 둔 것으로 판단된다. 이후 인간 본성의 선악 문제는 맹자와 순자에 가서 심각하게 논의되었다.

☐ 맹자의 성선설

맹자는 우리에게 성선설(性善說)로 유명하다. 그런데 맹자는 무슨 근거로 인간의 본성이 선하다고 말했을까? 맹자는 고자라는 사람과의 논쟁에서 이를

시대정신을 고려한 교직의 철학과 적성

분명히 했다. 다음은 그들이 한 말을 요약 정리한 것이다.

"고자가 말했다. '사람의 성품은 빙빙 도는 물과 같다. 그래서 동쪽으로 터놓으면 동쪽으로 흐르고 서쪽으로 터놓으면 서쪽으로 흐른다. 사람의 성품이 선과 선하지 않음의 구분이 없는 것도, 이와 같다.' 맹자가 반박했다. '물이 동·서의 구분은 없겠지만, 위아래의 구분도 없을라고? 사람의 성품이 선한 것은 물이 아래로 내려가는 것과 같다. 따라서 사람은 착하지 않은 사람이 없으며 물은 아래로 내려가지 않는 것이 없다. 지금 물을 손으로 튀겨서 이마 위로 지나게 할 수도 있지만, 이것은 물의 본성이기보다는 외부의 힘인 손에 의한 것이다. 마찬가지로 사람이 착하지 않게 되는 것도 외부의 힘에 의한 것이다. 본래 인간의 성품은 선하다.'"

이것이 맹자가 주장하는 성선설의 단면이다. 고자는 빙빙 도는 여울물 그 자체가 동과 서의 구분이 없듯이, 사람의 본성도 선악의 구분이 없다고 말했다. 이것이 이른바 고자의 무선무악설(無善無惡說)이다. 즉, '인간의 본성에는 선도 없고 악도 없다'는 사상이다. 그런데 맹자는 물이 위 아래로 나누어지듯이, 사람의 본성에도 선악이 있다고 주장하였다. 물의 성질이 아래로 흐르듯이 사람의 성품도 선하다는 것이다. 물이 위를 향해 흐르는 것은 바깥에서 힘을 가해서 일어나는 결과이듯, 사람도 외부로부터 영향을 받아 나쁘게 변할 수 있다고 하였다. 물이 위로 흐르는 것은 물의 성질이 아니듯, 사람이 나쁘게 변하는 것은 사람의 본성이 아니라는 말이다. 어찌 보면 그럴 듯하다. 맹자는 다음과 같은 예를 통해 인간성이 선하다는 점을 더욱더 굳게 확신했다.

"어떤 사람이, 갑자기 어린 아이가 기어서 우물에 들어가려는 위험한 상황을 보면, 곧바로 가엾게 여기는 마음이 생겨 어린 아이가 우물에 빠질까 두려워하고 그를 구할 생각을 한다. 이 사람과 어린 아이의 부모와는 친한 벗도 아니며 그 어떤 이해관계도 없다. 또한 그 사람은 마을 사람들에게 칭찬을 받으려고 아이를 구한 것도 아니며 다른 생각이 있는 것도 아니다. 그 가엾게 여기는 마음은, 인간으로서 진정한 느낌이며 자연스런 감정으로, 가슴에서 우러나오는 인간에게 내재되어 있는 것이다."

맹자는 이것이 바로 선천적인 본성이라고 주장하였다. 과연 그런가? 많은 사람들이 이런 감정을 가지고 있는 것이 사실이다. 전혀 모르는 사람에 대해서도 어려움에 처한 사람을 보면 도와주고 싶은 것이 사람의 감정이다. 이른바 인정이란 것이다. 따라서 인간은 선한 본성을 지녔다.

동양에서 유학은 이런 맹자의 전통을 이어 받았다. 인간은 누구나 선한 본성을 지니고 있기에 그 성품을 잘 길러가기만 하면 요임금이나 순임금 같은 성인이 될 수 있다고 믿었다. 이런 본성의 확충이 맹자의 교육적 사명이었다. 맹자의 그런 주장은 인간에 대한 신뢰를 바탕으로 희망을 심어주었다. 성선설은 인간 자체가 바로 선한 기준이었다. 그래서 인간은 만물 중 가장 성스럽고 귀한 존재로 여겨졌다. 인간은 높은 도덕적 존재로 부상하였다. 이것은 인간을 지나치게 믿고 도덕적 자각에 행위를 맡기는 결과를 낳았다.

그러나 맹자의 성선설은 인간성이 타고나면서 선하다는 점을 당연하게 인식했기 때문에, 악의 기원을 설명하기에 한계점을 보였다. 인간 세상에 있는 수많은 악은 어디서부터 오는가? 물론 외부의 힘에서 온다고 했지만, 그 외부의 힘을 악의 근원이라고 설득하기에는 미흡한 점이 있었다. 이것은 그보다 약 50여 년 늦게 태어나 활동한 순자의 성악설을 기다리고 나서야 해결되었다.

❏ 순자의 성악설

맹자에 대해 순자는 성악설(性惡說)을 대표하는 인물이다. 순자는 어떤 근거에서 인간의 본성, 기질이 악하다고 말했을까? 먼저 그의 말을 들어보자.

"사람이란 태어나면서부터 맛있는 것을 좋아한다. 이익을 탐낸다. 또 좋은 음악을 좋아하고 아름다운 여자를 좋아하는 존재이다. 만약 컨트롤 하지 않고 그런 욕구가 일어나는 대로 내버려 둔다면, 반드시 싸움이 일어나서 사회는 혼란하게 될 것이다. 이런 것을 볼 때, 사람의 본성은 악하다."

순자의 이런 주장 또한 그럴 듯하다. 사람은 누구나 욕심을 지니고 있다. 그리고 그것의 성취를 위해 서로 다툰다. 그 경쟁은 지금도 치열하다. 순자도 전쟁이 마구 벌어지는 시대 상황 속에서, 서로 먹고 먹히는 광경을 목격했을 것이다. 인간이 이렇게도 악한가? 이것은 본성이 그렇기 때문은 아닌가? 그렇

시대정신을 고려한 교직의 철학과 적성

다면 어떤 방법으로 선한 사람을 만들 수 있으며, 좋은 사회를 건설할 수 있을까? 이것이 순자의 고민이었을 것이다.

순자는 이런 인간 본성의 악함을 바로잡기 위해 임금의 권위를 먼저 세웠다. 그리고 예의를 사용하여 교화를 펼쳤다. 그것도 못 믿어 다시 법도를 제정하고 규범을 잡았다. 최후 수단으로 형벌을 사용하여 나쁜 행동을 금지시켰다. 본성이 악하기 때문에 인간 사회에는 온갖 나쁜 행위들이 일어난다. 이를 막아 선하게 만들기 위해서는 인간에 대한 제어가 최선의 조치였다.

사람의 악한 본성은 교화나 법도에 의한 제약을 거치면, 선하게 바뀔 수 있다. 법도와 제약은 인위적인 수단이다. 이런 제재는 현대 사회의 법치와 매우 닮아 있다. 예컨대, 우리 사회에는 악한 행위 때문에 법을 어기고 교도소에 가 있는 많은 범죄자들이 있다. 이들은 비록 악한 행위를 하였지만 교도소에서 교화를 받는다. 그리고 선한 행위를 배워 깨닫고 출소하여 좋은 사람으로 열심히 사는 사람들도 많다. 이 경우, 인간은 악하지만 선하게 될 가능성을 충분히 지니고 있는 것이다. 그러나 순자의 경우, 인간의 선함이 어디에서 오는지, 어떻게 선함을 유지할 수 있는지에 대한 근본적인 설득력을 주기에는 부족하다. 정말 세상 사람들은 나쁜 성품만 지니고 있는가? 그건 아니다.

위에서 본 것처럼, 맹자와 순자는 성선과 성악이라는 정반대의 주장을 펴고 있다. 그러나 그들이 지향하는 인간됨, 목적지는 같다고 볼 수 있다. 그것은 착한 인간, 건전한 사람이다. 다만 그 방법상 맹자는 성선설에 따라 선한 본성을 끊임없이 확충하여 더 성숙한 도덕적 인간으로 나아가자는 것이고, 순자는 성악설에 따라 악한 본성을 끊임없이 억제하고 선하게 교화하여 도덕적 인간에 도달하자는 취지를 보였다. 즉, 본성의 선악에 따라, '본성의 보존·확충이냐, 본성의 교정·개조냐'라는 방법상 차이를 보여 주었다.

❑ 성선도 성악도 아니다?

성선이냐? 성악이냐? 인간 본성에 대한 두 관점은 어느 하나만을 취하기보다는 서로에 대한 근본적인 성찰을 통해 보완하는 방식이 필요하다. 그런 관계 때문인지는 몰라도 동양에는 이 둘과는 다른 관점들이 많이 있었다. 예컨대, 중국 전국 시대의 세석과 서한의 양웅이라는 사람은 '본성에는 선도 있고 악도 있다'는 설을 제기했다. 이는 사람의 본성이 선과 악이라는 두 측면을 모두 포함하고 있다고 본 것이다. 다만 선과 악이 어느 쪽으로 전개될 것인지는 개인의 수양에 달렸다. 또 맹자와 논쟁을 벌였던 고자는 '본성에는 선도 없고 악도 없다'고 했는데, 이는 마치 백지설(白紙說)과도 유사하다. 인간의 본성은 선악의 구분이 없다. 선악은 완전히 후천적으로 이끌어져 나온 결과이다.

어쩌면 이들의 주장은 성선설이나 성악설보다 더 포괄적이고 설득력 있는 듯이 보인다. 동시에 인간의 본성이 선한지 악한지 잘 모르겠다는 의미도 내포하고 있다. 그러나 인간의 본성에 대해 어떤 관점을 취하든, 유학에서 인간은 선한 쪽으로 자기완성을 시켜가야 한다는 사명감을 안고 있었다.

4. 서양의 인간성 인식

우리에게 인식되어 있는 강력한 서양의 사유는 무엇보다도 기독교 전통이다. 그것은 서양의 주요한 문화가 기독교라는 그늘 아래 형성되었기 때문이다. 따라서 기독교의 인간, 혹은 인간 본성에 대한 이해는 서양 문명을 이해하는 계기이기도 하다. 기독교는 흔히 믿음과 소망, 사랑의 종교라고 한다. 무엇이 그들을 사랑의 종교로 만들게 했던가? 인간을 어떻게 파악했기에 믿음과 소망의 종교가 되었는가?

서양의 역사는 기독교 정신과 그에 반항한 사유와의 관계로 점철되어 있다. 기독교는 그들의 전통을 고수하려 했고, 그에 반항한 다른 사유들은 그들의 전통에서 벗어나려 했던 것이다. 이들의 뚜렷한 대비가 서양의 근대정신에서 엿보인다. 근대 서양에서 인간의 본성을 어떻게 보았던가? 기독교 전통과 그에 맞선 루소의 인간 이해를 통해 그 해답을 찾아보자.

시대정신을 고려한 교직의 철학과 적성

❑ 기독교 원죄설

기독교에서 인간은 하나님 앞에서 원초적으로 죄인이다. 즉, 인간은 본질적으로 죄를 안고 태어난다. 이것이 원죄설이다. 기독교의 원죄설은 에덴동산으로 거슬러 올라가야 설명이 된다.

하나님께서 지으신 에덴동산의 한복판에 두 나무가 서 있었다. 한 나무는 생명에 이르게 하는 나무였고, 다른 한 나무는 죽음에 이르게 하는 나무였다. 생명이냐 죽음이냐의 가능성이 에덴동산의 한복판에 서 있었던 것이다. 이 두 나무는 선과 악을 지칭한다. 여기에 선악과(善惡果)가 열렸다. 인간은 두 나무에 열린 선악과를 바라보며, 무엇을 먹어야할지 망설였다. 즉, 선과 악이라는 삶과 죽음의 길을 결단해야만 했다. 하나님 앞에서의 참된 삶이냐? 하나님 없는 거짓된 삶과 죽음의 길이냐?

그러나 인간은 악마의 유혹(誘惑)을 받아, 죽음에 이르게 하는 열매를 따먹고 말았다. 이로써 인간은 하나님이 그에게 부여한 한계, 하나님의 피조물(被造物)로서 하나님의 계명의 범위 안에서 살아야 할 한계를 벗어나고 말았다. 그래서 그는 아무런 한계도 갖지 않는 존재, 이른바 하나님과 같은 존재가 되려고 했다. 이것이 죄요, 인간의 타락이다. 이 죄에로의 타락은 불신앙과 교만, 욕망이다. 인간은 이런 원초적인 죄악을 지녔다. 따라서 하나님의 사랑의 대상이며 구원의 가능성이다. 그러기에 하나님을 믿고 구원을 소망했다. 하나님은, 순자의 성악설에서 임금의 교화처럼, 인간을 구원해 주시는 분이다.

기독교 원죄설은 인간의 본성을 악으로 규정한 것은 아니지만, 그런 성향이 예측하게 만드는 세계관이다. 이것은 종교적 교리이기 때문에, 그 종교 내에서는 완전한 진리(眞理)이다. 따라서 변하지 않는다. 인간의 원초적으로 죄악을 저질렀다. 그 원죄 때문에 규제되어야 하고, 선한 것으로 향하는 구원의 대상이 될 뿐이다. 죄인으로서의 인간, 이런 인간 본성에 대한 기독교적 사고가 서양에 팽배했다.

그러나 근대로 오면서 인간의 생각은 조금씩 달라지기 시작했다. 그 가운데 루소는 인간이 죄인이라는, 악하게 되었다는 기독교 전통에 도전했다. 그것은 성선에 대한 믿음 때문이었다.

☐ 루소의 성선론

루소의 『에밀』은 인간이 어떤 성품을 지니고 태어났는지 일러 주고 있다. 이는 당시 사회를 지배하고 있던 기독교의 인식과는 다른 방향으로 나아간 것이었다. 따라서 『에밀』은 파리의 카톨릭 교회에서 배척당했고, 그의 고향 제네바의 개신교에 의해서도 금서 처분을 받았다. 앞에서도 보았듯이, 기독교의 인간은 원죄를 안고 태어난다. 그러나 루소는 『에밀』에서 정반대의 주장을 한다. 바로 인간은 선한 본성을 지니고 있다는 점에서 그렇다. 『에밀』의 첫 장을 보자.

"만물을 창조하신 하나님의 손을 떠날 때 모든 것은 선했으나, 사람의 손에 옮겨지게 되자 악해지고 말았다. 인간은 어떤 땅에다 다른 땅에서 나는 산물을 만들어 놓기도 하고 어떤 나무에다 다른 나무의 열매를 맺게도 한다. 풍토·환경·계절을 뒤섞어 놓기도 한다. …… 모든 것을 뒤엎어 놓고 그 형태를 바꿔 놓는다. 인간은 추한 것, 괴상한 것을 좋아한다. 무엇 하나 자연이 만들어 놓은 상태 그대로 두지 않는다. …… 편견·권위·필연·실례 등 우리들을 누르고 있는 일체의 사회 제도가 그 사람의 본성을 억제하여, 그 무엇 하나 살릴 수 없게 만들 것이다. 본성은 어쩌다가 길 한가운데 나게 된 나무처럼, 지나가는 사람들에 의해 밟히고, 온갖 방향으로 꺾이고 굽어져서, 마침내 말라 죽고야 말 것이다. …… 이 세상에 갓 태어난 어린 나무를 말라 죽지 않도록 그것을 키우고 물을 주라."

신은 모든 것을 선하게 창조했다. 그런데 인간은 이것을 망쳐서 악으로 만들었다. 인간은 한 땅에서 다른 곡식을 거두려 들고, 한 나무에서 다른 과일을 따려고 든다. 인간은 때와 곳과 자연적 조건을 혼돈스럽게 만들고 흩트려 버린다. 루소는 이 사회의 제도가 그렇게 만들었다고 진단했다.

최초의 인간 본성은 자연 그대로 순수하게 선했다. 그런데 오염된 사회가 그들을 악으로 물들게 한다. 따라서 자연성 그대로 돌아가 순수성을 지킬 필요가 있다. 루소가 발견한 인간의 자연성, 순수성은 인간의 본성이다. 이런 어린이의 마음이 악덕이나 그릇된 정신에 감염되지 않도록 보호하는 것이 중요하다.

서양의 사유 방식에서 루소의 견해는 아주 이단적(異端的)이다. 특히, 기독교 전통의 '인간의 원죄설'에 대해, '인간은 탄생에서 선하다'는 의미는, 인간을 하나님과 동격(同格)으로 볼 정도이다. 왜냐하면 기독교에서 선한 존재는 하나님 한 분 뿐이기 때문이다. 이 얼마나 큰 저항인가? 이런 사유의 갈등이 서양의 인간 본성을 이해하는 역사였다.

그런데 루소의 견해는 어찌 보면 맹자의 성선설과도 닮아 있다. 한없이 착하게 태어나는 인간의 본성을 어떻게 하면 잘 보전하고 지킬 수 있는가라는 관심에서, 동일한 맥락을 유지하고 있는 것이다.

인간을 안다거나 인간 본성을 완전하게 파악하여 문자적으로 설명한다는 것은 여간 어려운 일이 아니다. 더구나 인간의 본성이 선한지 악한지의 문제는, 어느 하나로 귀결하기엔 너무나 복잡하고 다양한 관계들이 있다. 하지만 선악의 문제가 도덕과 직접적인 관계가 있는 것만은 분명하다. 앞에서 언급한 것처럼, 맹자와 루소는 성선설을, 순자와 기독교의 경우는 성악설의 경향을 띠고 있다. 이는 인류가 동·서양을 막론하고 성선과 성악의 전통이 있음을 보여준 것이다. 현대에도 그런 전통은 제각기 이어져 온다. 중요한 것은 현대의 복잡하고 다양한 도덕관이나 가치관에서 볼 때, 인간 본성에 대한 논란도 그만큼 복잡해졌다는 점이다. 이는 성악과 성선의 판단을 흐리게 만든다.

인간 본성에 대한 선악의 시비(是非)! 이는 인간의 행위 기준을 제시한다. 어떤 인간 유형을 길러가야 할지 교육의 방향성을 암시한다. 본성이 선하다면 선함을 잘 길러가는 방향으로, 악하다면 악함을 억제하는 방향으로! 그런데 어느 한 면으로만 이해할 경우, 다른 면은 소홀히 할 수 있다. 선하다는 주장은 악하다는 주장을 결여하고, 악하다는 주장은 선하다는 주장을 설득하지 못한다. 이것이 인간 자신의 본성에 대한 인식의 한계였다.

과연, 인간의 본성은 선한가? 악한가? 나는 나의 본성을 어떻게 생각하는가?

❖ 학습활동 4 - 인간의 본성 이해

구분	인간의 본성 이해
개별 사고 활동	

공
동
체

사
유

전
개

종합 정돈	• 인간의 본성은 교직에 어떤 영향을 미칠 수 있는가?

인생의 진로

인생의 진로

1. 나는 어떤 사람일까?; 나의 본성을 찾아서

'사람이란 무엇일까?' 그 가운데 세상에 하나 밖에 없는 '나는 어떤 존재일까?' 우리는 세상에 대해 조금씩 눈을 뜨기 시작하면서, 내가 누구인지, 어떤 능력을 지니고 있는지, 그리고 무엇을 할 수 있는지, 끊임없이 고민한다. 특히, 나의 참모습을 이해하고 자아실현을 위한 인생의 진로를 결정할 때, 자신의 소질이나 자질을 대학의 전공학과 또는 특정 직업과의 관련성을 따져 보기도 한다. 인생에서 진로를 현명하게 선택하기 위해서 한편으로는 자신의 자질이나 소질을 충분히 파악하고 있어야 하고, 다른 한편으로는 희망 학과나 직업에 대한 상세한 정보를 알고 있어야 한다. 이 가운데 '내가 어떤 일에 소질이 있나?', '어떤 학과나 전공이 과연 내 적성에 맞을까?'라는 물음처럼, 자신의 적성이나 소질, 그리고 자질에 대한 문제는 상당히 불확실하기에 많은 고민을 던지게 만든다. 그래서 우리가 초·중·고등학교와 대학교를 거치며 일생을 공부하는지도 모른다. 따라서 우리는 인간의 본성이 무엇인지, 나의 본성은 어떠한지 진지하게 고민할 필요가 있다.

인류 역사에서 인간 자신에 관한 물음은 수많은 사람들에 의해 다양하게 시도되었다. 그러나 '인간의 본성'을 이해하기는 쉽지 않다. 본성은 선천적으로 타고나는 것일까? 후천적으로 형성되는 것일까? 이 또한 분명하지 않다. 본성이 어떤 것이든 어길 수 없는 부분이 있다. 그것은 인간이 '사회적 존재'라는 점이다.

앞에서도 언급했지만, 공자(孔子)는 인간성에 대해, "태어날 때는 사람들이 비슷하지만 교육에 의해 개개인의 능력은 달라진다!"라고 하였다. 이는 인간이 본질적으로 지닌 이성과 감성이, 어떤 환경에서 무슨 생각으로 공부하며 생활하느냐에 따라 달라짐을 보여준다.

인간의 본성은 크게 두 가지로 나누어진다. 선한가? 악한가? 이는 유명한 성선설과 성악설로 불린다. 중국 고대의 사상가인 맹자는 성선설로 유명하다. 맹자에 의하면, 인간은 누구나 선한 본성을 지니고 있으므로 그 성품을 잘 길러가기만 하면 훌륭한 사람이 될 수 있다고 보았다. 즉, 인간은 착한 본성을 지녔는데 그것을 교육을 통해 잘 확충하면 사람다운 사람이 될 수 있다는 입장이다. 맹자의 이런 주장은 인간에 대한 신뢰를 바탕으로 미래에 대한 희망을 심어주었다.

반면에 순자는 성악설로 유명하다. 순자는 사람은 누구나 타고난 욕심을 지니고 있기 때문에 서로 다툰다고 보았다. 본성 자체가 악하기 때문에 인간 사회에는 온갖 나쁜 행위들이 일어난다. 악한 본성을 미리 막고 선하게 만들기 위해서는 나쁜 마음을 먹거나 악한 행동을 하려는 욕망을 조절하는 일이 가장 필요한 조치이다. 다시 말하면, 사람의 악한 본성은 교화나 법도에 의한 제약을 거치면, 선하게 바뀔 수 있다. 맹자는 성선설에 따라 선한 본성을 끊임없이 확충하여 보다 성숙한 도덕적 인간으로 나아가자는 것이고, 순자는 성악설에 따라 악한 본성을 끊임없이 억제하고 선하게 교화하여 도덕적 인간에 도달하자는 의도를 보였다.

물론, 인간의 본성에 '선도 있고 악도 있다'는 설도 있다. 이는 사람의 본성이 선과 악이라는 두 측면을 모두 포함하고 있다고 본 것이다. 다만, 선과 악이 어느 쪽으로 전개될 것인지는 교육에 달려 있다. 또는 '본성에는 선도

시대정신을 고려한 교직의 철학과 적성

없고 악도 없다'는 설도 있다. 이는 서구의 근대 사상가인 로크의 백지설과도 유사하다. 그들은 인간의 본성에 선악의 구분이 없다고 보고, 그것은 완전히 후천적으로 이끌어져 나온 결과로 본다.

그렇다면, 나는 어떤 본성을 지녔을까? 사실 나의 본성을 완전하게 파악하여 문자적으로 설명한다는 것은 여간 어려운 일이 아니다. 더구나 나의 본성이 선한지 악한지의 문제는, 어느 하나로 귀결하기엔 너무나 복잡하고 다양한 관계들이 있다. 하지만 선악의 문제가 도덕과 직접적인 관계가 있는 것만은 분명하다. 그리고 그것은 나의 자질이나 자아실현과 연관되어 인생의 미래를 결정하는 데 주요한 요소가 된다. 나는 어떤 사람일까? 선한 사람일까? 악한 사람일까? 선악이 혼재되어 있는 인간일까?

2. 나는 정말 어떤 자질을 지니고 있을까?

앞에서 언급한 것처럼, 나의 본성은 어떠한가? 그것은 나의 자질과 소질을 어떻게 규정하고 있을까? 본성과 연관하여 사람에게 적용되는 적성, 소질, 자질 등, 유사한 용어들 중에서 '자질'이라는 말은 가장 포괄적이고 넓은 뜻을 지니고 있다. 자질이란 어떤 일을 잘해 내는 데 있어 토대가 되는 개인의 모든 능력이나 성질이다. 심리학에서는 이 자질의 문제를 좀 더 엄밀하게 지능, 적성, 흥미, 가치관, 성격 등으로 나누어 생각한다.

사람의 현명함을 논의할 때, 자주 등장하는 '지능'은 인간의 지적 능력을 나타내는 대표적인 심리학 개념이다. 일반적으로, 학습자의 학업 성취에 차이가 생기는 가장 큰 요인은 학습자들의 능력 차이 때문이라고 받아들여져 왔고, 지능은 학습자의 능력을 측정하는 것이라 가정되어 왔다. 따라서 지능이 높으면 공부를 잘 할 것이라 생각한다. 즉, 지능은 '학습하는 능력', '문제를 푸는 능력', 또는 '환경에 적응하는 능력'과 같이 다양하게 정의되지만, 한 마디로 말하면 '머리가 좋고 나쁜 정도'로 여겨지고 있다.

표준적 지능 검사는 프랑스의 심리학자 비네(1857-1911)에 의해 처음 만들어졌다. 이 검사는 지능이 떨어지는 학생들의 교육을 위해 필요한 도구를 만드는 데 도움을 주기 위한 것이었다. 현재는 우리나라에서도 다양한 지능 검사 도구가 만들어져 사용되고 있으며, '지능지수(IQ)'라는 말도 널리 알려져 있다.

그러나 지능이 측정할 수 있는 능력의 본질과 내용, 그리고 구조에 대한 논쟁은 지금도 계속되고 있다. 지능이 선천적 특성인지 후천적 학습의 결과인지, 단일 요인으로 구성되어 있는지 아니면 여러 요인의 복합체인지 등의 논쟁은 지능의 다양한 정의와 지능 검사가 존재하는 직접적 원인이 되었다. 어떤 학자들은 몇몇 지능 검사가 매우 유용한 측정치를 제공한다는 데 동의하면서도, 한편으로는 그러한 검사들조차 지능의 본질을 제대로 측정하기에는 부족하다고 생각한다. 그래서 일반적 지능이라는 개념보다는 언어 능력이나 수리 능력, 또는 언어 능력, 공간·지각 능력, 기억력, 추리력 등으로 나누어 측정하기도 한다. 지능 검사의 한계를 극복하려는 노력은 지금도 계속되고 있다. 또 지능 검사에 따라 오차가 존재하며, 인간의 전체적 자질에서 지능의 높고 낮음은 다른 요인으로 보완될 수도, 장애를 받을 수도 있다. 그러므로 지능은 진로 결정에서 참고해 보는 요인에 불과하다.

자질의 또 다른 중요한 요인으로 적성을 들 수 있다. 적성은 특정 영역에서 필요로 하는 기능을 쉽게 학습할 수 있는 능력으로, 그 기능을 성공적으로 성취할 수 있는 개인의 특수한 잠재력을 의미한다. 즉, 적성이란 앞으로 잘할 수 있는 잠재 능력, 잠재 가능성을 말한다. 세상에는 수없이 많은 직업이 있다. 교사, 의사, 성직자, 법률가, 엔지니어, 정치가, 기업가, 예술가 등 다양한 직업마다 그에 알맞은 적성이 있다. 그러나 특별한 경우를 제외하고는 어떤 직업이나 활동마다 정해진 특수한 적성을 정의하고 측정해 내기는 어렵다. 대개 몇 가지 범주의 능력을 가려 두고, 특정 직업이나 활동에 어떤 능력이 요구되는지를 논의하는 것이 일반적이다. 예컨대, 인문학이나 사회과학 계통으로 진학하려면 어휘력이나 추리력이 좋아야 한다거나, 자연과학 계통으로 진학하려면 수리력, 공간·지각력 등이 높아야 한다고 판단한다. 보다 세부적인 직업에 요구되는 능력들을 가리는 경우도 있다.

적성을 알아보는 방법에는 크게 두 가지가 있다.

첫째, 적성검사를 받는 것이다. 우리나라에는 다양한 적성검사가 있으며, 이는 인터넷에서도 쉽게 찾아볼 수 있다. 적성검사에서는 성공 가능성이 높은 직업들이 결과로 제시된다. 미래 가능성에 초점이 맞추어져 있는 적성과 달리 현재 보유하고 있고, 드러나는 것을 능력이라고 한다. 하지만 적성검사에서도 성공 가능성이 높은 직업을 예측하기 위해 각 개인이 지니고 있는 능력을 먼저 측정하기 때문에 적성검사도 일종의 능력에 대한 검사라고 생각하면 된다. 그러나 적성검사는 아직 직업과의 상관관계가 명확하게 밝혀져 있지 않고, 검사 자체에도 오차가 있을 수 있기 때문에, 지능검사와 마찬가지로 진로 결정의 참고 자료일 뿐이지 절대적으로 따라야 하는 지침은 아니다.

둘째, 여러 과목의 성적을 비교해 보는 것도 적성을 대강 가늠할 수 있는 방법이다. 지능이나 적성이 무엇을 '할 수 있는' 힘이라면, 개인의 흥미나 가치관은 무엇을 '하고 싶어 하는' 성질을 말한다. 흥미란 능력이나 기능과 달리 어떤 일이나 활동을 잘 할 수는 없더라도 그와 같은 일이나 활동에 대하여 좋고 즐거운 느낌을 가지는 것을 말한다. 즉, 얼마나 좋아하는지, 하고 싶어 하느냐에 대한 것이다.

'할 수 있는 능력'과 '하고 싶어 하는 흥미'는 상관이 많기는 하지만, 동일하지는 않다. 즉, 능력과 흥미가 일치하는 경우도 있지만, 그렇지 않을 수도 있다는 말이다. 예를 들어, 운동을 좋아하지만 운동 신경이 발달하지 못한 경우가 있다. 할 수 있는 능력과 하고 싶어 하는 성질이 다를 때, 잘 하는 것을 선택할 것인가 좋아하는 것을 선택할 것인가는 사실 순전히 본인의 의지에 달린 문제이다. 또 '내가 정말 하고 싶어 하는 일이 무엇인지 모르겠어!'라는 말을 하는 경우도 있을 것이다. 이런 사람들을 위해 여러 가지 흥미검사가 나와 있다. 흥미검사는 대개 인간의 흥미를 문학적, 과학적, 사회학적, 기계적, 상업적, 봉사적, 사무적, 운동적, 음악적, 미술적 흥미 등으로 나눈다. 흥미도 대강은 적성과 마찬가지로 성적을 보고 가늠해 볼 수 있고, 또 특정 교과목을 공부할 때의 마음의 상태 등을 고려해 살필 수도 있다.

가치관은 진로 계획에서 특히 중요하다. 가치관은 흥미와 함께 '어떤 일을 왜 하는가?', '왜 해야 하는가?'라는 동기를 이루는 요인이 되기 때문에, 인간의 진로 결정에서 빼놓을 수 없는 요인이라 할 것이다. 가치관은 각 개인이 중요하게 생각하는 일이 무엇인가에 대한 시각이다. 사람마다 인생에 대한 독특한 가치관을 가지고 있으며, 직업 선택에서 중요하게 생각하는 직업 가치도 다르다. 심리학에서는 가치관이란 어떤 일을 다른 일보다 '더 보람 있게' 여기는 심리적 경향으로 정의하며, 관련 검사지도 마련되어 있다.

성격은 사회적 상호 작용을 할 때 자신을 드러내 보이는 마음의 구조이다. 즉, 자기를 대표하거나 상징하는 성품으로 각 개인의 행동, 생각, 느낌을 포함하는 습관적 패턴이며, 오랜 기간에 걸쳐 형성된다는 특징이 있다. 성격은 매우 복합적이어서 성격이란 무엇이며 어떻게 구성되어 있는가에 대한 주장도 학자마다 제각각이다. 성격 검사의 종류가 다양한 것도 이 때문이다. 광의의 자질에는 성격도 포함된다. 왜냐하면 어떤 직업, 어떤 활동에 더 잘 어울리는 성격이 있을 수 있기 때문이다. 예를 들어, '지도자는 대쪽 같은 성품으로 판단하고 결정할 수 있어야 한다.', '법관은 정의로워야 한다.', '기업의 대표는 의사소통을 잘할 수 있어야 한다.'라고 말한다. 그러나 이처럼 성격이 직업 활동과 어떤 관계가 분명히 있다고 받아들여지고 있으나, 아직까지 성격검사를 통한 직업의 성공 여부에 관한 판정은 상식적 수준의 판단이 대부분이다.

그렇다면, 나는 어떤 자질을 가지고 있는가? 지능지수가 높은 것만 믿고 공부하지 않아 성적이 좋지 않은 경우는 아닌가? 적성을 따져 보지 않고 옆친구를 따라서 진로를 결정하지는 않았는가? 어느 한 가지 요인이 결정적이라 말할 수는 없지만, 나의 자질을 이루고 있는 지능, 적성, 흥미, 가치관, 성격 등을 종합적으로 주의 깊게 살펴보는 일은 진로 선택에 많은 도움이 된다.

3. 나를 발견하기 위한 노력을 하고 있는가?

우리는 현재 농업 사회와 상공업 사회를 넘어 지식정보화 사회, 이른바 '인터넷 혁명'의 시대를 살고 있다. 농업을 기반으로 삼았던 1960년대 한국 사회와는 비교도 할 수 없을 정도로 직업 세계가 다양화·전문화되었다. 나를 계발하는 꾸준한 노력 없이는 평생 지속해야 할 기본적 삶의 터전인 가정, 일터, 사회에 만족하지 못하게 되어, 결국 행복하지 못한 삶을 영위할 수밖에 없다. 그리고 이러한 나를 계발하는 노력의 시작은 바로 초·중·고등학교 재학 시절부터 대학생, 성인기에 이르러서도 지속적으로 나를 발견하는 데 있다. 어떻게 나를 발견할 수 있을까?

나에게 가장 잘 맞는 진로를 선택하기 위해서는 자기이해, 적성과 학업 성취도, 흥미, 성격 및 가치관, 신체적 조건, 가정환경, 사회 환경, 미래 전망 등을 깊이 생각해 보아야 한다. 즉, 내가 가치 있다고 생각하는 일, 내가 잘하는 일, 내가 재미있어 하는 일, 내 신체 능력상 견딜 수 있는 일, 실제로 준비할 수 있는 여건이 되는 일, 유망하다고 생각되는 일 등을 종합적으로 살펴보아야 한다.

진로 계획의 주체는 바로 '나 자신'이다. 그러므로 나에 대한 이해는 무엇보다 중요하다. 자기에 대한 지식, 즉, 자기 이해력을 기르는 방법에는 크게 자신의 '자기 성찰', '타인 관찰', '진로 관련검사 받기'의 세 가지 방법이 있다. 이 가운데 가장 중요한 것은 스스로 자신을 성찰하여 자기 이해력을 높이는 방법인데, 말처럼 쉬운 일은 아니다. 사람들은 자기 자신에게 너무나 익숙한 나머지 자신의 행동, 생각, 느낌과 같은 특성들을 그저 당연한 것으로 받아들이고 대수롭지 않게 취급하는 경향이 있기 때문이다. 따라서 나를 발견하여 나에 대한 지식을 갖추기 위해서는 평소에 자기 자신을 성찰하는 습관을 기를 필요가 있다. 진지하게 자신을 반성하며 바라볼 때 자기 행동을 새롭게 자각하고, 자신을 이해할 수 있게 된다. 물론, 자신이 원하는 길을 걷는 데 필요한 교육이나 훈련을 지원할 경제적 뒷받침도 진로 선택에서 중요한 요인 중의 하나이다. 그러나 가정의 경제적 여건이 꼭 들어맞지 않는다 하더라도 내가 그 일을 반드시 하고 싶다는 소망과 스스로의 힘으로 해 나가겠다는 의지가 있다면 그 직업을 선택해도 무방할 것이다.

그렇다면, 정말 '적성검사에 맞추어 나의 진로를 정해야 할까?' 대개 검사라는 것은 많은 한계점을 지니고 있다. 특히, 적성검사의 경우, 아주 기초적이고 일반적인 능력만을 측정한다는 제한이 있다. 내가 가진 모든 능력을 보여 주지 못한다는 것이다. 그리고 타당성이 검증된 표준화 검사일지라도

100% 정확한 것은 아니다.

또한, 어떤 직업과 어떤 학과에 잘 맞을지 그 적합성 여부를 평가하는 기준이나 분류 체계도 각 검사마다 다르다. 예를 들어, 의사라는 직업을 보자. 어떤 검사에서는 의사에게 필요한 능력이 대인 관계, 언어, 수리, 논리, 자기 성찰 능력이라 하지만, 어떤 검사에서는 공간 지각력, 수리력, 학습 능력이라고 한다. 의사를 서비스직으로 분류하는 검사가 있는가 하면, 연구직으로 분류하는 검사도 있다. 따라서 적성이나 흥미검사 결과를 볼 때는 적합한 직업, 적합한 학과 자체보다 왜 그런 학과나 직업이 자신에게 잘 맞는 것으로 나오는지를 살펴보아야 한다.

어떤 검사든 나의 모든 면을 전부 보여 주고 미래 가능성을 정확하게 예측해 주지는 않는다. 진로 및 진로 선택이라는 것은 적성이나 흥미와 같은 개인의 내부에서 나오는 원인 이외에도 환경적 요소의 영향을 많이 받는다. 예를 들면, 국가 정책이나 사회의 변화, 세계 경제나 노동 시장의 흐름 등과 같은 외부의 조건들 말이다. 그런데 각종검사 결과에는 이런 외부의 요소가 전혀 반영되어 있지 않다.

진로 선택이나 직업 선택의 과정은 매우 복합적이어서 어렵고 혼란스럽게 느껴진다. 그래서 그런 검사가 그 고민을 뚝딱 해결해 주기를 간절히 바란다. 그러나 검사란 자신을 조금 더 잘 이해하기 위한 참고자료로 사용될 수 있을 뿐이다. 진로나 직업을 선택하는 주체는 사람이지, 결코 검사가 아니기 때문이다.

그렇다면 검사를 받지 말아야 하는가? 그렇지는 않다. 검사를 통해 진로 선택에 도움을 받는 사람들도 있다. 어떻게 하면 진로와 관련된 각종 검사들을 효과적으로 이용할 수 있을까?

첫째, 검사를 왜 하는지 그 목적을 분명히 해야 한다. 진로검사의 가장 중요한 의미는 자신과 미래 진로에 대해 깊이 생각해 볼 수 있는 계기라는 데 있다.

둘째, 검사를 검사로만 끝내지 말고 직업 정보 탐색으로 이어나가 보자. 직업 정보를 탐색하다 보면 보다 관심이 가는 직업이 생길 수도 있고, 그 때

직업 흥미검사를 해 보면 다른 결과가 나올 수도 있다.

셋째, 부모님과 이야기하는 통로로 이용해 보자. 부모님이 생각하는 자신의 모습과 스스로가 생각하는 자신의 모습이 다를 수 있다. 부모님이 보지 못한 나의 모습도 있을 것이고, 나 스스로 깨닫지 못하는 나의 모습도 있을 것이다. 누구의 생각이 맞는가는 그리 중요하지 않다. 부모님과 나 사이에 있을 수 있는 편견을 버리고 마음을 열고 대화하게 되었다는 것 자체가 중요하다. 그 과정에서 부모님도 나도 서로에 관하여 다시 생각하면서 이해의 폭을 넓히게 되는 것이다.

넷째, 진로검사 결과 제시된 적합 1순위 직업이나 학과보다는, 왜 그런 직업과 학과가 자신에게 잘 맞는다고 나왔는지 그 이유를 알아보는 것이 중요하다. 그래야 검사를 통해 자신의 자질에 대해 보다 잘 이해하게 된다. 또, 검사 결과에서 제시된 직업이나 학과만을 선택 가능한 것으로 받아들이지 않게 된다. 검사 결과지에 제시되지 않았더라도 자신의 특성에 맞는 직업이 어떤 것이 있는지 생각해 볼 수 있게 된다. 즉, 검사결과로 제시된 특정 직업과 연결되는 개인의 특성이 무엇인지 파악하는 것이 중요하다.

4. 나의 갈 길과 자아실현을 준비하자

내가 나아갈 길은, 달리 표현하면, 나의 '진로(進路)'이다. 넓게 보면 '내가 일생을 통하여 수행하는 일의 총체'를 말한다. 과거에는 하나의 직업에 평생 동안 종사하는 사람이 많았기 때문에 진로를 직업과 동일한 개념으로 취급하였다. 그러나 현대사회는 과학 기술과 산업의 발달로 인해 직업의 종류가 너무나 다양해지고, 그 직무 내용이나 기능도 광범위해짐에 따라 진로와 직업의 개념을 구별하게 되었다. 진로란 직업을 포함하여 개인이 일생 동안 하는 일 전체를 포괄하는 개념으로 인식하게 되었다. 따라서 진로 문제는 가정, 교육, 직업, 결혼, 자녀 양육, 노후 생활 등 전 생애를 살아가는 과정에서 마주치게 되는 모든 선택의 문제를 포함한다.

'진로 계획(career planning)'은 인생 설계의 하위 개념으로 개인이 행복한 삶을 누리기 위해 사전에 실천 가능한 청사진을 그리는 계획적 과정이다. 즉, 진로 계획이란 개인의 진로 인식 및 진로 탐색에서 얻은 진로에 대한 기본 소양과 지식을 토대로 적합한 진로를 선택할 수 있는 지침을 세우는 과정이며, 이것은 수립된 후에도 준비 과정을 거치면서 계속적으로 수정·보완되어야 한다. 이렇게 볼 때, 청소년 시기는 물론 대학생을 비롯한 성인기에 이르러서도 진로 계획이란 각자 종사하려는 직업 분야를 이해하고 탐색하고 선택하고 준비하여, 그 분야에서 요구되는 일을 효율적으로 수행하기 위한 방법들을 합리적으로 마련하는 치밀한 사전 준비 작업이다.

특히, 청소년기 이후 대학생 시기의 진로 계획은 구체적으로 진학 계획과 직업 계획으로 나눌 수 있다. 진학 또한 장래의 직업을 염두에 두어야 하겠지만, 일반적으로 초등학생의 진학 계획은 중학교, 중학생은 고등학교, 고등학생은 대학교에 들어가는, 상급 학교에 진학하는 계획을 의미한다. 직업 계획은 진학하지 않는 학생들이 장래에 직업을 얻기 위해 사전에 직업을 준비하는 계획이라 할 수 있다.

인생의 긴 여정을 생각할 때, 대학 입학 원서나 취업 원서 제출 직전에 진로 계획을 세운다면 어리석은 행동이라 할 수 있다. 순간적인 눈치와 배짱으로 결정한 진로 선택이 자신의 인생에 행복을 가져다 줄 것이라고 기대할수 없기 때문이다. 따라서 진로 계획은 어디까지나 당사자 개인이 주체가 되어 자기 자신과 환경을 생각하여 사전에 치밀한 계획을 세우는 작업이어야한다. 가령 고등학교에 진학할 학생이라면, 그 고등학교는 어떤 특성을 지니고 있는지 확인할 필요가 있다. 대학에 진학할 학생이라면 우선 대학에 어떤 학과가 설치되어 있는지 알아야 하고, 또한 각 학과에서 무슨 교과목을 주로 배우는지, 학과 공부를 하는 데 필요한 적성은 어떤 것인지 알아 두어야 한다. 그래야 대학에 진학하고 나서 뒤늦게 학과 공부가 맞지 않는다고 후회하는 일이 없을 것이다.

'진로 선택'은 좋고 싫음, 가능과 불가능에 대한 고려가 필요하다. 우리 대부분은 자신이 좋아하는 연예인, 운동선수, 작가, 자신이 쓰는 문구류 등에 대해서는 자신의 선호를 분명히 알고 있지만, 정작 자기 자신이 어떠한 일을

시대정신을 고려한 교직의 철학과 적성

좋아하는지, 어떤 일을 잘 하는지 또는 잘 할 수 있을 것인지에 대해서는 많은 시간을 들여 고민하지 않는다. 그러나 무슨 일이든 마음을 기울이고, 손을 뻗어야 이룰 수 있는 것이다. 하고 싶은 일을 분명히 이야기할 수 없었던 사람은 다시 한 번 고민해 보자.

5. 나는 일생 동안 무엇을 개발해야 하는가?

앞에서도 여러 번 언급했듯이, 교육은 일생을 통해 지속되는 평생교육 (life-long education)이다. 그것은 모든 개인의 인생을 질적으로 향상하는 생애 개발과 관계된다.

영국의 '미래재단'은 21세기에 달라질 '인생시간표'를 제시했다. 과학문명과 의료기술의 발달로 인간의 수명은 120세까지 연장될 수 있다. 고등학교를 졸업하고 20세쯤 사회생활을 시작하는 대학생들은 앞으로는 적어도 100년 정도 삶을 영위한다. 인간은 이러한 전 생애를 2-3개의 기간으로 나누어 직업 생활을 하게 된다. 이제 20대에 시작한 직장 생활은 100년 동안 지속해야 하는 평생 직업이 아니다. 20대에 첫 직업을 가지고 생활을 하다가 40대 후반에 한번 퇴직을 경험한다. 그리고 새로운 생활을 위한 재교육을 받고 다른 직업을 가지게 된다. 그러다가 60대에 두 번째 퇴직 경험을 하고, 남은 기간에 대한 새로운 생애 준비를 한다. 이런 미래재단의 진단은 기존에 한번 가진 직업이 평생 직업이 되던 시대와는 다른 삶의 모습을 보여준다. 즉, 인간의 생애를 출생이라는 출발점으로부터 죽음이라는 종착점에 이르기까지 특징에 따라서 발달 단계를 구분하며 그것이 주기적 변화를 반복할 것이라는, 이른바 '라이프 사이클(life-cycle)'이 달라질 것을 예고하고 있다. 여기에서 이전과는 다른 생애 개발을 위한 교육의 필요성이 제기된다.

생애 개발을 위한 교육은 개인이 자신의 적성과 흥미, 능력에 맞는 일을 자각하고 선택하고 준비하는 데서 시작된다. 나아가 그것을 유지하고 개선할 수 있도록 취학전 교육에서 시작하여 평생 동안 학교와 지역 사회의 공동 노력에 의하여 학습을 할 수 있는 제도적 장치이다. 이러한 생애 개발 교육이 지향하는 목적은 크게 두 가지로 요약할 수 있다.

첫째 청소년 시기 이후 대학생들이 직업을 선택할 수 있도록 기초를 다지게 한다.

둘째, 직업상의 기능 획득을 촉진하며, 교육에 의한 성취를 증대시켜 주는 동시에, 미래에 대한 희망을 안겨주고, 교육 기회를 확대하게 만든다.

그런데 청소년 시기의 교육은 대부분 초등학교를 비롯하여 중학교나 고등학교에서 이루어진다. 청소년 때는 신체적 성숙과 더불어 미래에 대한 설계를 하면서 불안과 고독, 긴장감을 느낀다. 특히 자신의 인생과 관련하여 미래의 진로를 고민하면서 정체성의 혼란에 빠지기도 한다. 물론 기존의 학교교육에서는 학업을 비롯한 다양한 부분에서 일정한 성취를 요구했다. 그리고 그것은 성인이 되었을 때, 성취의 정도에 따라 사회적 성공으로 이어지기 쉽다. 즉, 높은 학력을 요구하는 사회에서 대부분의 청소년들은 고등학교와 대학의 교육 수준에 근거하여 미래를 설계하고 지식을 습득하는 일에 몰두했다. 이것이 산업사회에서 청소년기 이후 대학교육을 담당한 학교의 역할이었다.

그러나 첨단과학기술문명에 바탕을 둔 지식정보, 인공지능사회, 빅 데이터의 시대에는 지식과 정보를 습득할 수 있는 채널이 너무나 다양해졌다. 인터넷으로 대표되는 지식정보의 창고는 거의 모든 지식이 담겨 있는 듯하다. 그만큼 학교교육의 내용과 형식도 매우 역동적으로 변화했다. 이는 청소년기 이후의 생애 발달을 주도할 진로 모색과 직업 선택의 방식도 다양해지고, 그에 대한 다양한 교육이 모색되어져야 한다는 의미이다.

6. 나의 진로 탐색과 내가 갖고 싶은 직업은 어떤 것일까?

사람은 어떠한 형태로든 일을 하면서 살아간다. 가정에서의 여러 활동, 학교에서의 공부, 물건의 생산 및 판매 등은 모두 일을 통한 생산 활동이다. 일이란, 사람들이 어떠한 가치를 창조하기 위해 행하는 정신적·육체적인 모든 활동이다. 일은 경제적 소득을 목적으로 하는 것도 있고 그렇지 않은 것도 있는데, 경제적 소득을 목적으로 하는 일을 특별히 직업이라 한다.

원시 사회에서 인간은 스스로 일을 해서 얻은 것을 자신의 의식주를 위해 사용하는 자급자족의 생활을 영위하였다. 그러나 복잡하게 나누어진 현대 시장경제 사회에서 인간은 특정 직업에 종사하고 얻는 보수로 가족생활을 유지해 간다. 오늘날 대부분의 사람들은 자신이나 가족의 생계를 유지하기 위해 어느 정도의 보수를 얻는 것을 목표로 일을 계속해 나가지 않으면 안 된다. 우리는 하루 중 8시간 이상을 직장에서 보낸다. 따라서 회사, 관공서, 공장, 농장 등의 다양한 형태의 직장은 우리 삶에 큰 비중을 차지하며 그 영향도 크다.

직업이란 무엇보다 생계유지에 필요한 보수를 얻기 위한 활동이다. 그러나 직업은 단순한 생계유지 수단을 넘어서는 의미를 지니고 있다. 직업은 개인이 일정한 사회적 기능의 분담 또는 사회적 역할을 수행하기 위한 활동이자, 각자의 자아실현을 위한 활동이기도 하다. 그러하기에 모든 인간에게 마땅히 직업이 주어져야 하며, 따라서 노동의 권리는 법적으로 보호되어야 하는 것으로 인식되고 있다.

역사적으로 볼 때, 일 또는 직업의 의미는 다양하게 받아들여져 왔다. 노예에 기반을 둔 경제 활동을 영위한 고대 그리스 인들은 노동을 천한 것이라 생각했다. 고대 그리스의 유명한 시인인 호머에 의하면 신들이 인간을 미워하여 그 분풀이로 사람들에게 일을 하도록 하였다는 것이다. 우리 선조들도 한때 사농공상(士農工商)으로 직업을 분류하고 글을 읽는 것을 가장 귀한 일이라고 여기기도 하였다. 그러나 현대사회에 들어오면서 직업에 대한 개념은 크게 바뀌었다. 특히, 영국의 산업혁명 이후 일에 대한 개념이 달라지기 시작하였다. 일은 인간에게 필수적 요소이며 신성하고 즐거운 것이어야 한다는 견해가 생겨나기 시작했다. 미국의 교육철학자 듀이도 놀이와 일을 같은 개념으로 보아야 한다고 강조한 바 있다.

인간은 직업을 통해 생활을 윤택하게 만들 수 있으며, 직업은 자기 발전의 밑거름이 된다. 따라서 자신의 가치관에 부합하는 직업 선택이 무엇보다 중요하다. 자신의 가치관에 부합되는 직업 선택은 일을 통한 만족감을 보장해 주며, 만족감에 더해 일의 보람과 놀이와 같은 기쁨을 느끼게 한다.

7. 진로와 직업 탐색에서 무엇을 고민해야 하는가?

우선, 일을 목적이라기보다는 수단으로 여기는 생각에서 벗어나야 한다. 우리는 일을 돈을 벌기 위한 수단, 출세하기 위한 수단, 명예를 얻기 위한 수단으로 생각하는 경향이 있다. 이러한 경우에는 일이나 직업이 그 개인의 목적이 아니라 수단에 불과하기에 자신의 일 자체에서 기쁨이나 보람, 자아실현을 기대하기 어렵고, 직업 생활을 통한 개인의 사회에 대한 기여도 기대하기 힘들다.

둘째, 직업에 대한 편견을 버릴 필요가 있다. 현대사회에서 모든 직업은 제각기 나름의 특성을 가지고 있으며, 전문성을 요구하고 있다. 또한 인기 직업이란 시대 상황에 따라 항상 변한다는 사실도 잊지 말아야 한다. 따라서 직업의 종류를 떠나 그 직업이 자신의 자질에 부합하고 흥미로운 일이어서 성취감과 행복감을 맛보는 것이 중요하다.

성 역할에 대한 고정 관념에서도 벗어나야 할 것이다. 아직 우리 사회에서는 여자 직업, 남자 직업을 못박는 경향을 찾아볼 수 있다. 이는 전통 사회에서 형성된 남녀 성별 분업론이 유지되고 있는 결과이다. 다행스럽게도 현대사회에서는 여성의 교육 기회 증대, 산업 구조 변화, 정부의 정책적 의지 등에 의해 직업에 있어 성적 차별이 약해지고 있다. 그러나 '아, 남자가 미용사라니.', '난 여자니까 선장은 불가능해.' 등의 성 역할에 대한 고정관념에 자기 자신을 가둔다면 성과 관련된 사회의식의 발전에 반해 진로 선택의 가능성을 스스로 줄이는 결과를 낳게 된다.

진로 및 직업 탐색에서 외부적 요인도 고려할 필요가 있다. 국내·외적으로 일어나는 각종 사건과 사고는 직업 세계에 커다란 영향을 끼친다. 또한 산업 구조의 변화, 정부의 경제 정책 변화, 지식 기반 사회로의 이행, 노년층 인구의 증가, 직업에 있어서 성별 분업의 타파, 생활수준의 향상, 생활 방식의 변화, 지구촌이라 부를 수 있을 정도의 국제화, 환경 문제, 급속한 기술의 발달 등과 같은 사회 변화는 내가 선택하고 개척한 직업 세계에 직접적 또는 간접적인 영향을 끼친다.

미래 사회의 변화에 따른 직업 전망을 정확하게 내릴 수 있는 사람은 아무도 없다. 컴퓨터와 인터넷을 통한 지식정보화, 인터넷 혁명의 시대는 점점 무르익어가고 있다. 이 이후에 과연 무엇이 세계의 변화를 주도할 것인지는 아직 분명하지 않다. 따라서 정해진 직업 전망이나 남들이 유망하다고 하는 직업을 추구하기보다는 국내외의 다양한 사건들과 사회의 전반적인 변화가 가져오는 구체적인 직업 세계의 변동을 합리적으로 연관 지어 생각할 수 있는 능력이 필요하다. 또 미래 사회에 필요한 직업을 창조적으로 상상하고, 고안해 보는 작업도 요구된다. 요즈음에는 '평생직업은 있을 수 있어도 평생직장은 없다!'는 말에 누구나 동의하고 있다. 따라서 사회 변화에 지속적인 관심을 가지고 미래를 예측하는 능력과 감각을 기르는 일은 매우 중요하다.

8. 나의 진로, 내 인생은 어떻게 설계할 수 있을까?

종이배나 간단한 장난감을 만드는 일이라면 설계도가 필요하지 않을 수 있다. 머리에 이미 그것이 들어있기 때문이다. 그러나 아파트를 짓는다든지, 공원을 조성한다든지 단순하게 머리에서 바로 그려낼 수 없는 일에는 반드시 복잡한 설계도가 필요하다. 인생도 마찬가지이다. 수십 년 이상의 시간을 보람되고 뜻깊게 보내고자 한다면 '인생의 설계도'가 반드시 필요하다. 더군다나 인간의 삶은 아파트를 짓는 것처럼 모든 과정이 결정되어 있는 것이 아니라, 매순간 문제 상황이 발생할 수 있기에 자신의 결단으로 계획의 큰 흐름에서 벗어나는 인생의 순간순간에 대처해 나아가야 할 때도 있다. 나의 인생은 나의 것이기에 내가 스스로 계획하고 실천하며 살아야 하는 것이다. 이것이 바로 '인생 설계'이다.

공자는 "일생의 계획은 어린 시절에 있고, 1년의 계획은 봄에 있으며, 하루의 계획은 아침에 있으니, 어려서 학문을 배우지 않으면 늙어서 아는 것이 없고, 봄에 씨 뿌리지 않으면 가을에 수확할 것이 없으며, 새벽에 일찍 일어나지 않는다면 그 날 할 일을 판단하지 못한다."라고 했다. 이 또한 인생 설계의 중요성을 강조한 말이라 할 것이다.

진정한 나를 발견하고 인생을 설계하는 과정은 삶을 보다 행복하고 합리적으로 유지해 나가는 데 무엇보다 중요하다. 자신의 삶을 풍요롭게 이룩하기 위한 기초 과업은, 타고난 잠재력을 기반으로 각 인생의 시기에 알맞은 준비를 갖추는 인생 설계라 할 수 있다. 즉, 한 개인이 일생의 목표를 설정하고, 그 목표를 달성하기 위해 세부적인 계획을 세우는 일은 구체적으로는 상급학교 선택이나 직업의 만족도를 높이는 작용을 할 뿐만 아니라, 궁극적으로는 개인의 행복을 증진시키는 역할을 한다.

인생 설계를 위해 무엇보다 우선적으로 요구되는 일은 '나의 참모습 발견'이다. 우리 모두의 얼굴이 다른 모양을 하고 있는 것처럼, 눈에 보이지 않는 가치관, 재주, 성격도 나름대로 다른 모양을 하고 있다. 이 다름이 우리를 우리답게, 나를 나답게 만들어 주고 있는 것이다. 나의 참모습은 나 스스로의 관찰로부터 얻을 수도 있고, 나를 알고 있는 다른 사람들로부터도 얻을 수 있다. 나의 과거, 현재, 미래를 면밀히 살펴보고 고민함으로써, 나는 과연 누구인가를 발견할 기회를 가지게 된다. 또, 타인의 눈에 비친 나와 내가 생각하는 나를 비교해 봄으로써, 나 자신의 참모습을 보다 정확하게 이해할 수 있게 된다.

이러한 나의 참모습 중에 자신이 좋아하는 방향, 즉, 가치관에 대한 탐색은 인생 설계의 기본 방향 설정이기에 무엇보다 중요하다. 예로부터 한국인의 전통 사상인 유교에서는 인(仁)을 최고의 가치로 삼았으며, 불교에서는 인간이 세속의 번뇌를 해탈하여 열반의 경지에 이르는 것을 이상으로 가르쳐 왔다. 기독교에서 예수는 '사랑'을 인간 삶의 기본으로 여겼고, 고대 그리스의 철학자 아리스토텔레스는 항상 이성적으로 사유하고 행동하는 사람을 이상적 인간이라 했다. 이와 같은 이상적 인간상은 결국 인류의 스승들이 제시해 준 인생 설계의 기본 지침이라 할 수 있다. 따라서 인간 개개인에게 올바른 가치관을 선택하고 형성하는 일은 좋은 인생 설계의 토대가 된다.

둘째, 나의 참모습 발견과 인생 설계에서 자신에 대한 사랑 또한 중요한 요소이다. 자기에 대한 사랑은 이기심에 의거한 자신만 생각하는 것이 아니라, 세상에 하나밖에 없는 소중한 존재인 자신의 귀함을 깨닫는 일이다. 나 자신의 좋은 점과 뛰어난 능력을 떠올리는 것은 마음 편하고 즐거운 일이다. 그러나 나의 부족한 면, 좋지 못한 점을 생각할 때에는 나 자신이 한없이 작게만 느껴지고 후회와 부끄러움에 낙심할 수도 있다. 자신의 부족한 점을 남 몰래 콤플렉스로 키우지 말고, 그것에 직면하여 고치고 다듬는 것이 중요하다. 그러기에 나 자신에 대한 사랑 역시 행복한 인생의 지름길인 것이다. 유명한 교육철학자인 페스탈로치도 다음과 같이 이야기한 바 있다. "자기 자신을 알지 못한다는 것은 슬픈 일이다. 지혜나 행복은 스스로를 이해하고 깨닫지 못하는 사람에게는 결코 주어지지 않기 때문이다."

　우리가 우리 자신에게 가치를 부여하지 않는다면, 결국 우리에게 남는 것은 무엇이겠는가? 우리는 자신의 능력을 가능한 최고로 갈고 닦으며 무엇인가를 끊임없이 시도함으로써 자기 자신의 가치를 손상시키지 말아야 할 것이다. 가족에 대한 사랑, 친구에 대한 사랑, 이웃에 대한 사랑도 나 자신을 사랑하지 않는 사람에게는 불가능하다. 나 자신의 부족한 점까지 끌어안아 고쳐 나가는 건전한 자기 사랑은 이기적인 태도가 아니라, 인생의 설계대로 자신의 삶을 풍요롭게 만드는 시작점이다.

　끝으로, 후회 없는 인생 설계를 위해 자신의 꿈을 구체화시킬 필요가 있다. 수십 년의 세월을 살아가면서 수정되는 계획도 많겠지만, 구체적으로 꿈을 그려보고 고쳐 나가는 것은 인생 설계를 실천하는 데 큰 도움이 된다.

　20세기 후반부에 접어든 1972년, 「라이프」잡지에 존 고다드라는 47세의 남자에 대한 기사가 게재된 적이 있다. 기사 제목은 '한 남자의 후회 없는 삶'이었다. 이 기사로 「라이프」잡지는 사상 최고의 판매 부수를 기록하였다. 고다드는 1940년, 그가 15세 되던 해에 삶을 살아가는 동안 꼭 하고 싶은 일 127가지를 자신의 노란 수첩에 적어 놓았다. 고다드처럼 하고 싶은 일을 적어 본 사람은 아마 수도 없이 많을 것이다. 그러나 그는 127가지 꿈을 차근차근 실천하여 47세가 되었을 때는 그 중 103가지를 실천할 수 있었다고 한다.

　또 '피그말리온 효과(Pygmalion effect)'라는 것도 기억하자. 이 말은 '자성예언(自省豫言, self-fulfilling prophecy)'이라고도 하는데 자신의 미래를 자주 말로 표현하고, 또 깊이 자신의 꿈이 이루어지기를 바라면 그렇게 될 가능성이 높다는 것이다. 그러므로 막연히 미래를 생각하지 말고, 구체적으로 생생하게 자주 글로 적어 보자. 그렇게 하면 꿈은 점점 더 선명해지고, 꿈에 대한 구체적 계획도 세우게 되며, 그 계획대로 실천하다 보면 꿈을 이룰 가능성은 점점 더 높아지게 될 것이다.

구분	내용
자 기 적 성 이 해 활 동	•자기성찰
	•타인 관찰
	•진로 관련 조언

진로 계획과 생애 개발	•진로 계획
	•생애 개발
종합 정돈	•인생시간표

• 인생설계도

전통적 교직관

06

전통적 교직관

1. 유교의 스승

교육을 체계적으로 담당하는 것이 교사이다. 교육에서 교사가 차지하는 비중은 매우 크다. 절대적이라 해도 과언이 아니다. 왜냐하면 교사의 역할 여하에 따라 교육의 질이 달라질 수 있기 때문이다. 우리나라를 비롯한 동양에서는 전통적으로 스승, 즉, 교사에 대해 높은 예우를 해왔다. 그런데 최근에 와서 교육의 환경 여건이 변화하고 다양한 교육 주체들이 제 역할을 분담하면서 교사의 역할과 기능이 바뀌고 교사에 대한 존경심마저 실추된 느낌을 준다. 이에 대한 원인은 여러 가지가 있을 수 있다. 교육의 개념과 내용의 변화, 교사-학생-학부모의 관계 문제, 학교의 역할 문제 등 고민할 문제가 많이 있다. 그렇다 하더라도 동서고금(東西古今)을 통해 볼 때, 보편적인 교사의 역할은 있다고 판단된다.

유학에서 위대한 교사로는 단연히 공자(孔子)와 맹자(孟子)을 꼽는다. 공자와 맹자는 제자들에게 인간이 올바르게 살아가는 도리를 전하거나 깨우쳐주었다. 그것은 지금도 중국의 교육자들에게 전통으로 전해지고 있다. 교사에

103

대한 구체적인 언급은 유학의 전통적 계보에서는 상대적으로 소외되었던 순자(荀子)에게서 찾아볼 수 있다.

순자는 "교사의 자격 기준에는 네 가지가 있다. 많은 지식 내용을 가르치는 것은 거기에 들지 않는다. 첫째, 존엄하여 공경을 받으면 교사가 될 수 있다. 둘째, 어른으로서 믿음이 있으면 교사가 될 수 있다. 셋째, 옛날 경전을 암송하여 강의하되 그 뜻을 능멸하거나 제멋대로 본뜻을 해치지 아니하면 교사가 될 수 있다. 넷째, 숨겨진 의미를 알아서 그 핵심을 논의할 수 있다면 교사가 될 수 있다."라고 하였다.

다시 말하면, 유학에서 교사의 자질은 '타인에게서 공경 받는 사람, 믿음이 있는 사람, 경전을 충실히 이해하고 본지를 강의할 줄 아는 사람, 숨겨진 의미 맥락을 명확히 밝혀주는 사람'으로 요약된다. 중요한 것은 '많은 지식 내용을 일러주는 사람'은 교사의 자격에서 제외되고 있다는 점이다. 교사는 단순히 지식을 전달하는 사람이 아니다. 교사는 인간 삶의 기본적 예의를 전수하는 선각자이다.

한유(韓愈)도 「사설(師說)」에서 이러한 교사의 의미를 확고하게 밝혀 주었다.

"옛날에 배우는 사람들은 반드시 스승이 있었다. 스승이란 인간의 도리를 전하고, 학업과 생업에 종사하는 법을 가르쳐주며, 의심나는 문제를 풀어주는 사람이다. 태어나면서부터 모든 것을 아는 사람이 있겠는가? 인간은 그렇지 못하니 누가 의혹이 없겠는가! 의혹이 있으면서도 스승을 따라 배우지 않는다면, 그 의혹은 끝내 풀리지 않을 것이다. 나보다 나이가 많고 나보다 먼저 도를 들었다면, 나는 그를 스승으로 삼을 것이다. 또한 나보다 나이가 적더라도 나보다 먼저 도를 들었다면 나는 그를 스승으로 삼을 것이다. 오직 도를 스승으로 삼을 뿐, 나이가 많고 적음이 무슨 그리 중요한가. 이렇기 때문에 신분의 귀천도 없고, 나이의 많고 적음도 없다. 도가 있는 곳이 스승이 있는 곳이다."

이와 같이 교사의 가장 중요한 임무는 '일상의 인간의 올바른 도리를 전하는 일'이었다. 즉, '인간은 어떻게 살아야 하는가?'라는 '삶의 기준'을 제시하는 일이었다. 다음으로 인간이 해야 할 일, 생업과 학업 등 일에 대한 올바른 관점을 주는 일이었다. 다시 말하면, 인간은 무엇을 하고 어떻게 살아야 하는 문제와 관련된다. 이는 '삶의 방법'에 관한 것이었다. 그리고 세 번째가 전체적 생활에서 의심나는 문제들을 풀어 가는 데 도움을 주는 일이었다. 즉, 합리적 삶을 살아가기 위한 '문제해결의 방식'을 제공해 주었던 것이다.

인간은 누구나 부족하다. 늘 이 세상과 인간 자신에 대한 의혹으로 가득 차 있다. 이 의혹들을 어떻게 풀어갈 것인가? 그것은 혼자 고민하는 것보다 타인과의 대화를 통해 쉽게 해결할 수 있다. 교사는 그런 역할을 적극적으로 자임해야 한다. 그런데 우리가 눈여겨볼 대목은 단순히 나이가 많다고 교사가 되는 것은 아니라는 점이다. 교사가 될 자격의 중심은 도의 체현이다. 즉, 삶 속에서 인륜을 어떻게 구현하느냐에 있다. 나이와 신분에 관계없이 교사 자질의 중심은 인간의 길을 종합적으로 제시하는 도(道)이다. 그러기에 한유는 도가 있는 곳이 바로 스승, 교사가 있는 곳이라고 보았던 것이다.

유학에서 스승은 지식을 주로 전수하는 전문가가 아니었다. 인간 전체 삶의 문제를 고민한 카운슬러(counselor)이자, 전인적 교사였다. 그러므로 교사는 늘 거시적 관점과 전체적이고 유기체적 연관, 조화 의식 가운데 교육을 실천하였다.

이런 관점에서 교사는 어떤 자세를 지녀야 하는가?

첫째, 시간적으로 과거와 현재를 연속선상에서 바라볼 수 있는 세계관이 있어야 한다. 이는 '온고이지신(溫故而知新)'이라는 숙어에 잘 담겨 있다. 즉, 옛것과 새것의 계승과 창조의 측면을 적절히 조화시켜 가르침의 기준으로 삼는 일이다. 왜냐하면 교육은 인습과 창조의 과정을 거치기 때문이다. 인간의 인식은 늘 현재의 순간에서 과거를 다시 당기고 미래를 미리 당기는 작업이다. 교육은 이를 잣대로 현재 속에서 실천하고 미래를 구상한다. 예전에 들은 것을 때때로 익히고 항상 새롭게 터득함이 있으면, 배운 것이 나에게 있어서 그 응용에 끝이 없다. 단순히 암기나 하고 묻기나 하는 학문이라면 마음에 터득함이 없어서 아는 것이 한계가 있는 것이다. '온고지신'은 달리 말하면, 전통의 지속을 의미한다. 전통은 인습과 창조의 변증적 조화이다. 그것은 일상 생활에서 실천된다.

둘째, 끊임없이 배우며 가르침에 최선을 다하는 태도를 갖추어야 한다. 동양 최고의 스승으로 꼽히는 공자는 "묵묵히 기억하고 배우기를 싫어하지 않으며 가르치기를 게을리 하지 않는다."고 했다. 기억하고 배우고 가르침, 이 세 가지는 자기 수양과 타인에 대한 배려를 동시에 보여준다. 기억한다는 것은 마음에서 얻는 것이고, 배움은 더욱 강구하여 꿰뚫는 일이며, 가르침은 다른 사람에게 베푸는 행위이다. 배움을 귀하게 여겨 스스로 얻어야 하기 때문에 묵묵히 기억해야 하고, 얻기가 어려우므로 배우기를 싫어하지 않으며, 반드시 다른 사람과 함께 얻으려고 하기 때문에 가르치기를 게을리 하지 않는다. 이처럼 교사가 지식을 확장하고 고상한 품격을 지니기 위해서는 자기 수양에 힘을 다해야 한다. 왜냐하면 지식과 인품은 사람을 가르치는 기본 전제이기 때문이다. 그러기에 공자도 '학문에 진전이 없는 것'을 최대의 걱정거리로 꼽았다. 동시에 제자에게 가르침을 게을리 하지 않는 태도는 교사로서의 사명과 책임을 다하려는 적극적인 정신 경지를 보여준다. 이는 교사로서 자기를 이루는 동시에 제자의 '인간됨'을 향해 가는 끊임없는 과정이다.

셋째, 교사는 몸으로서 모범을 보여주어야 한다. 교육에는 말로 하는 언교(言敎) 뿐만 아니라 몸으로 직접 보여주는 신교(身敎)도 있다. 어떤 측면에서는 신교가 훨씬 감동적이다. 교사가 실제로 모범을 보일 때, 제자들에게 미치는 감화는 이루 헤아릴 수가 없다. 이는 교사 스스로 몸가짐을 바르게 하는 데서 시작된다. 교사가 몸가짐과 행위가 바르면 억지로 가르치지 않아도 학생들은 올바른 길로 가게 된다. 반면 몸가짐과 행위가 바르지 못하면 비록 명령하고 가르친다 하더라도 학생들이 쉽게 따르지 않는다.

교육은 이론보다는 실천이 앞서야 한다. 그러므로 행위의 문제, 모범으로서의 가르침은 교육 방법의 핵심일 수 있다. 때문에 교사에게는 고상한 품격과 덕성을 몸에 체득하여 우러나게 하는 고귀한 인품의 소유가 요구된다. 이러한 유학의 교사관은 도덕 윤리적 측면을 지나치게 강조하고 있다고 비난받을지도 모른다. 복잡한 현대 교육에서 다양한 교사의 역할을 이해하지 못한 의견으로 볼 수도 있다. 그러나 인간의 삶에서 교육은 무엇인가? 특히 교육 그 자체가 목적이라는 측면에서, 교사의 자질과 역할이 어떠해야 하는가? 유학이 바라보는 교육은 삶의 건전함과 일상에서 선한 가치를 지속하는 일이었다. 유치한 의미로 인간의 관계 질서를 바람직하게 이어가려는 삶의 자기 구제 장치였다. 그것은 교사라는 구심체를 통해 구현되는 가치였다. 그러기에 교사는 군사부(君師父) 일체, 즉, 임금과 부모와 동격으로 비유되었다. 이는 세상을 경영하는 임금, 사회의 기초를 이루는 가정의 기본인 부모, 인간 사회의 삶을 운용하는 원리를 일러주는 교육의 삼위일체를 의미하는 것이다. 이런 측면에서 유학의 교육과 교사관을 온고지신의 눈으로 비판할 필요가 있다.

2. 기독교의 사랑

'사랑'은 기독교의 첫째가는 계명이다. 기독교의 3대 근간이라고 할 수 있는 '믿음—소망—사랑', 그 가운데서도 제일은 사랑이다. 사랑에 대한 구체적 기록은 「마태복음」(22: 34~40), 「마가복음」(12: 28~34), 「누가복음」(10: 2~28) 등 『신약성서』 곳곳에서 드러난다. 이중에서도 「마가복음」의 기록은 기독교 배려와 교육정신의 핵심을 보여준다. 그 가운데 교사의 덕목도 자연스럽게 드러난다. 「마가복음」의 기록은 다음과 같다.

28. 율법학자 한 사람이 와서 그들이 토론하는 것을 듣고 있다가 예수께서 대답을 잘하시는 것을 보고 "모든 계명 중에 어느 것이 첫째가는 계명입니까?" 하고 물었다.
29. 예수께서 이렇게 대답하였다. "첫째가는 계명은 이것이다. '이스라엘아 들으라, 우리 하나님은 유일한 주님이시다.
30. 네 마음을 다하고 목숨을 다하고 생각을 다하고 힘을 다하여 주님이신 너의 하나님을 사랑하라.'
31. 또 둘째가는 계명은 '네 이웃을 네 몸같이 사랑하라.'는 것이다. 이 두 계명보다 더 큰 계명은 없다."
32. 이 말씀을 듣고 율법학자는 "그렇습니다, 선생님. '하나님은 한 분이시며 그밖에 다른 이가 없다.'라고 하신 말씀은 과연 옳습니다.
33. 또 '마음을 다하고 지혜를 다하고 힘을 다하여 하나님을 사랑하는 것' 과 '이웃

을 제 몸같이 사랑하는 것'이 모든 번제물과 희생제물을 바치는 것보다 훨씬 더 낫습니다." 하고 대답하였다.

34. 예수께서는 그가 슬기롭게 대답하는 것을 보시고 "너는 하나님 나라에 가까이 와 있다." 하고 말씀하셨다. 그런 일이 있은 뒤에는 감히 예수께 질문하는 사람이 없었다.

사랑에 관한 계명은 두 가지이다. 첫째는 유일신 하나님에 대한 무조건적 사랑이고, 둘째는 이웃에 대한 현실적 사랑이다. 이중에서도 이웃에 대한 사랑은 현실 속에서 최고의 배려이다. 그것은 교사가 가장 가까운 이웃인 학생을 대할 때의 태도로 직결된다. 이런 점에서 예수는 기독교 최고의 스승이자 교사이다. 해설판 공동번역 『성서』에서는 이를 다음과 같이 해설하고 있다.

"예수께서는 인간다운 생활의 본질과 정신을 분리할 수 없는 두 면을 가진 유일한 행위라고 요약하신다. 먼저, '자기 자신을 전적으로 바쳐 하나님을 사랑해야 한다.' 왜냐하면 참되고 절대적인 하나님은 오직 한 분뿐이시고 인간은 하나님께 자기 자신을 바침으로써 자기 자신과 타인과 사물을 절대화하지 않게 되기 때문이다. 그리고 '이웃을 자기 자신처럼 사랑해야 한다.' 다시 말해, 인간끼리는 억압하거나 억압당하고 명령하거나 복종하는 관계가 아니라 형제애의 정신으로 서로를 섬기는 관계를 맺어야 한다. 인생의 활력은 사람들 사이에 친밀한 관계를 엮어가는 사랑이다. 온갖 만남과 맞섬과 갈등을 더욱 정의롭고 하나님 나라에 더욱 가까운 사회를 건설하는 방향으로 이끄는 사랑이다."

두 가지 사랑 중에서도 "네 이웃을 네 몸같이 사랑하라."는 31절은 28~34절 전체에서 가장 까다로운 구절이다. "네 이웃을 네 몸처럼 사랑하라"는 『구약성서』「레위기」(19: 18)에서 따온 구절이다. 이는 사회적 관계에서 사람이 취해야 할 자세를 종교적 차원으로 정의한 계명이다. 사람과 사람 사이의 인간 교육에서 '사랑'을 최고의 덕목으로 규정한 것이다.

2세기 초엽에 활동했던 아키바는 "네 이웃을 네 자신처럼 사랑하라. 이것이 율법의 전체를 관통하는 원칙이다."라는 말을 남겼다. 또한 의로운 시몬은 세상을 지탱하는 세 기둥으로 '율법－예배－(이웃)사랑'을 꼽은 바 있다. 이는 유대교 내에서도 이웃 사랑을 최고의 계명으로 간주하는 풍토가 있었다는 의미이다.

당시 문헌들을 살펴보면, 사랑의 계명이 예수의 독특한 발상은 아님을 알 수 있다. 쿰란 문헌에 보면, "주님을 온 힘으로 사랑하고, 모든 인간을 나의 자식들처럼 사랑하라. 주님을 너의 전 삶으로 사랑하고, 서로를 진심으로 사랑하라"는 가르침이 등장한다. 또한 헬라 유대교의 거목인 알렉산드리아의 필로는 하나님에 대해서는 지극한 경외심이 중요하고, 사람에 대해서는 사랑과 정의가 중요하다고 하였다. 그런데 예수는 왜 하나님에 대한 사랑과 이웃에 대한 사랑을 이중적으로 제시해 놓았을까?

첫째, 예수는 하나님 사랑을 이웃 사랑으로 환원시켰다. 즉, 예수가 대답한 핵심은 "네 이웃을 네 몸같이 사랑하라(31절)."에 있다. 하나님에 대한 사랑은 어차피 증명하기 힘들다. 그러나 이웃 사랑은 눈에 보이는 대상이 있으므로 훨씬 구체적이다. 따라서 이웃 사랑을 하나님 사랑의 구체적 표현으로 보아, 이웃 사랑만 열심히 실천하면 자동적으로 하나님 사랑까지 하게 된다. 이 지점에서 예수의 사랑의 의미가 이웃에 대한 배려, 나아가 인간에 대한 배려로 이해된다.

둘째, 예수는 사랑의 이중계명을 통해, 구약의 십계명을 요약했다. 하나님 사랑과 이웃 사랑을 통해 십계명의 전반부(1-4계명)와 후반부(5-10계명)가 정리되었다는 뜻이다. 따라서 예수가 두 계명을 제시한 듯 보이지만, 실제로는 하나의 계명 체계(십계명) 안으로 통합한 것이므로 한 가지 계명으로 보아 마땅하다.

셋째, 이웃 사랑은 하나님 사랑의 보완이다. 유대교의 제사와 의식은 온전히 하느님만 섬기는(=사랑하는) 예배 행위이다. 하지만 하나님 사랑이 보다 완벽해지려면 이웃 사랑이 절실히 필요하다.

넷째, 이웃 사랑은 하나님 사랑과 별개의 계명이 아니라 확장된 계명이다. 성서 곳곳에는 율법의 정수를 이웃 사랑이라고 했다. 이는 하나님 사랑에서 사람 사랑으로 확대되어 나가던 당시 교회의 경향을 보여준다.

이런 설명을 통해 볼 때, 두 계명은 사랑이라는 모티브로 연결된다. 그것은 기독교가 사랑을 실천하는, 배려의 종교임을 일러 준다. 특히, 이웃이라는 나 이외의 모든 인간을, 사랑의 대상, 배려의 관계에 자리매김해야 함을 확인시켜 준다.

예수는 그것을 실증하였다. 『마태복음』(5~7)과 『누가복음』(6: 20~49)에 실려 있는 산상수훈(山上垂訓)은 좋은 사례이다.

예수는 하나님의 사랑이 실현되는 현장을 민중의 삶속에서 찾았다. 그것은 다름 아닌 이웃에 대한 사랑이었다. 예수는 스스로 민중을 택하였고 민중과 더불어 살면서 민중에게 관심을 쏟았다. 따라서 그의 윤리적 교훈도 민중을 향해 외쳐졌다.

'산상수훈'은 예수가 그를 따르던 무리들에게 들려주었던 윤리적 교훈들 가운데 진수(眞髓)만을 수집·정선해 놓은 그의 어록이다. 문맥은 간결하고 정언적 명령문으로 일관되어 있다. 그 속에는 "하나님께서 너희를 택해서 너희를 축복하심으로써 그의 사랑을 구현시키고 있다"라는 예수의 의지와 확신이 들어 있다.

니이버(H. R. Niebuhr)는 이 산상수훈에서 드러낸 예수의 의지와 확신을 다음과 같이 피력하였다.

"예수의 근본적인 확신은, 하나님의 통치와 그 통치의 의로움이 가까운 장래에나 먼 미래의 어느 날에 명백하게 될 것이라는 데 있는 것도 아니며, 동시에 그 통치가 예상될 수 있다는 의미에서 현재 실재하고 있다는 것도 아니다. 오히려 예수의 확신은 하나님께서 지금 통치하고 계시며 따라서 그의 통치와 그 의(義)의 실현은 너무나 분명하다는 데 있다. 예수는 미래가 분명하니 현재도 그럴 것이라는 논증보다는 현재가 분명하니 미래에도 그럴 것이라는 논증을 전개한다."

하나님의 사랑, 그 선택과 구체적 내용이 정당한 이유는 예수의 산상수훈 내용 자체가 증명한다. 그 첫머리에 두드러지게 나타나는 여덟 가지 축복이 그것이다. 예수의 가르침은 구약의 예언자들이 가르친 윤리적 교훈과 구별된다. 예수는 예언자들처럼, 부유한 자들과 강한 자들에게 가난하고 억눌려 있는 사람들을 공정하게 다루어 줄 것을 역설하지 않는다. 이 지점에서 예수의 사랑과 배려 정신의 특징을 확인할 수 있다.

예수는 직접 가난하고 억울하게 당하기만 하는 이들을 향하여 하나님의 복된 소식을 전한다. 산상수훈에는 아모스 같은 예언자에게서 읽을 수 있었던 것과 같은, '가난한 사람들을 억압하고 수탈하는 데서 돌이키라'는 식의 명령은 찾아볼 수 없다. 예수가 관심을 둔 삶의 현장은 사람들에게 짐을 지워 십리를 나르도록 강요하는 지휘관의 상황이 아니라, 억압당하는 민중들의 정황이었다. 그것은 "집에 집을 더하고 땅에 땅을 더하는" 지배 계급들의 상황이 아니라 바로 다음날 끼니를 걱정하는 민중, 이웃들이었다.

민중들—이웃—의 정황은 실제로 가난하다 못해 심령까지 가난하다. 매번 억울한 일을 당해서 애통하지만 끝내 온유하다. 자기 자신은 늘 의(義)에 주리고 목말라하면서도 타인에 대해서는 긍휼(矜恤)하다. 강자와 대결할 세력도 없지만 본디 화평(和平)을 좋아하여 결국은 스스로 핍박을 받는다.

이에 대한 예수의 반응은 다음과 같다.

"하느님은 이웃들의 긴박한 외침을 들으셨다! 이에 먼저 그들의 현장에 관심을 두셨다! 그리고 이제 막 그들을 돌보기 시작하셨다!"

이것은 기독교적 사랑, 인간 배려와 교육의 하이라이트이다. 이웃들의 처절한 비명 앞에서 축복은 더욱 생동력 있게 반응한다. 「마태복음」(5:3-10)은 다음과 같이 기록하고 있다.

"심령이 가난한 자는 복이 있나니 하느님의 나라가 저희 것임이요, 애통하는 자는 복이 있나니 저희가 위로를 받을 것임이요, 온유한 자는 복이 있나니 저희가 땅을 기업으로 받을 것임이요, 의에 주리고 목마른 자는 복이 있나니 저희가 배부를 것임이요, 긍휼히 여기는 자는 복이 있나니 저희가 긍휼히 여김을 받을 것임이요, 마음이 청결한 자는 복이 있나니 저희가 하나님을 볼 것임이요, 화평케 하는 자는 복이 있나니 저희가 하나님의 아들이라 일컬음을 받을 것임이요, 의를 위하여 핍박을 받는 자는 복이 있나니 하나님의 나라가 저희 것임이라."

이웃에 대한 예수의 관심과 보살핌, 그 배려의 의미가 은혜와 축복으로 받아들여지는 이들은 바로 민중 자신들이다. 동시에 그것이 예수의 윤리적 교훈의 요청으로 들려지는 사람들이 바로 기독교에서는 하나님의 자녀일 것이다.

특히, 후자의 요청을 비유로 설명해 준 것이 「누가복음」(10:29–37)의 "선한 사마리아인 이야기"이다. 여기서 예수의 특유한 이웃 개념이 드러난다. 이는 「누가복음」을 기록한 사람의 독특한 편집 기법으로, "내 이웃이 누구입니까?"라는 질문에 초점이 맞춰진다. 이때 예수의 답변은 그 누구도 예측할 수 없는 방향으로 전향된다. 「누가복음」(10:36)의 "네 의견에는 이 세 사람 중에 누가 강도 만난 자의 이웃이 되겠느냐?"라는 예수의 반문은 도움을 받아야 할 강도 만난 자만이 이웃이라고 생각하였던 독자들의 관심을 뒤집어 놓는다.

자비를 베푼 자도 너의 이웃이 되며 그가 바로 너에게 늘 업신여김을 받던 사마리아인임을 깨달아야 하는 것이 예수의 이웃에 대한 교훈이다. 이것은 있는 사람이 없는 사람을 돕는 것이 아니라 업신여김을 받은 사람이 오히려 고난을 당하는 사람을 돕게 된다는 동료 의식에서 오는 이웃 개념이다.

이처럼 기독교의 이웃 사랑은 어려운 상황에서 실천된다. 즉, 기독교적 교육은 고통 속에 피는 꽃과도 같다. 그것을 담당한 위대한 교사가 바로 예수였다.

구분	전통 유학의 스승상 (요약/정돈)	새 시대의 교사상 (구상/창조)
개별 사고 활동		

공 동 체 사 유 전 개

시대정신을 고려한 교직의 철학과 적성

종 합 정 돈

구분	기독교 전통의 교사상 (요약/정돈)	새 시대의 교사상 (구상/창조)
개 별 사 고 활 동		

시대정신을 고려한 교직의 철학과 적성

공 동 체 사 유 전 개

종합 정돈	

현대의 교직론

07

현대의 교직론

1. 교직을 바라보는 관점

교사는 교육에 종사하는 사람을 통칭하는 말이다. 한국 사회에서 교사는 다양한 표현을 통해 사회적 책무성을 부여받아 왔다. "교사는 사랑이 있어야 한다", "교과목에 대한 실력이 있어야 한다", "학생들을 이해할 줄 알아야 한다", "돈을 모르는 청렴결백한 선비가 되어야 한다", "도덕적이고 착한 행실만을 몸소 실천해야 한다", "사회를 순화하고 정화하는 데 앞장서야 하며 근본적인 책임을 져야 한다" 등등. 교사가 이러한 책무성을 부여받는 이유는 바로 교육에서 교사가 차지하는 위상과 교육이 지닌 속성 때문이다.

교사의 위상은 교육의 기본요소 중에서도 교육을 주도하는 위치에 있다. 교사 주도적 교육이 지배하던 때는 교육의 주체라고도 했다. 교사는 다름 아닌, 교육을 담당하는 전문 직업인이다. 특히, 인간을 대상으로 하는 교육을 전담한다. 의사나 간호사, 판사나 검사, 변호사도 인간을 다룬다. 그러나 이들은 인간 삶의 일부분 혹은 특정 사안에 관심을 집중한다. 이에 비해 교사는 인간의 정신적·육체적·지적·도덕적·사회적·정서적인 모든 면을 포괄적으로 다룬다.

일반적으로 교사[teacher]라고 할 때, 적어도 다음과 같은 의미가 포함되어 있다. "첫째, 공립이나 사립학교[교육기관]에 학생의 지도를 위하여 고용된 사람이고, 둘째, 어떤 특정한 영역에 뛰어난 자질을 갖추고 남을 가르치는 사람이며, 셋째, 대학에서 교직과목을 이수하고 공식적으로 인정된 교사자격증을 취득한 사람이고, 넷째, 생활 속에서 특정한 내용을 가지고 남을 가르치는 사람이다."

교사는 모든 사람들에게 좋은 영향과 감화를 준다고 기대된다. 어린이나 어른을 막론하고 그들의 인간적 성장을 조성하는 데 기여한다. 그러므로 무언가 남에게 영향을 미치고 있다면, 교사라 할 수도 있으리라.

핵심문제는 이것이다. 교사는 '올바른 삶을 이끌어주는 사람이어야 한다!' 역사적으로 성인이라고 일컫는 예수나 부처, 공자나 소크라테스, 베토벤과 같은 종교가나 철학자, 예술가들은 보통 사람들의 인생에 깊은 교훈을 주고 있기 때문에 인류의 교사라고도 한다.

그러나 서구 근대 공교육의 탄생과 더불어 학교교육 제도가 발달하면서, 교사는 좁은 의미로 이해된다. 흔히 '선생님'이라고 하면, 학교에 재학하는 학생들을 지도하기 위해 자격증을 갖춘 학교교사, 특히 초등 및 중등학교의 교사를 가리킨다. 따라서 교사는 어린 학생들, 미성숙한 아동들을 바람직한 인간으로 인도하고, 개인의 자아실현을 도모하며, 국가 사회 및 인류의 발전에 공헌하기 위해 봉사하는 하나의 직업이다. 직업으로서 교사생활을 할 때, 일반적으로 '교직'에 종사한다고 말한다.

이러한 좁은 의미의 학교 교사, 이른바, '교직'을 바라보는 관점에는 크게 세 가지가 있다. '성직자'로서의 교사, '노동자'로서의 교사, '전문직'으로서의 교사관이 그것이다.

성직자로서의 교사관은 교사를 성직자처럼 인식하는 관점이다. 즉, 교육을 종교적 관점에서 특별한 소명의식(召命意識)을 지닌 사람들이 수행할 수 있는 것으로 보고, 신성한 직업에 종사한 것으로 간주한다. 교사는 성직자와 같이 인간의 정신적인 면과 영적인 면을 다루기 때문에 세속의 여러 직업들과

시대정신을 고려한 교직의 철학과 적성

는 다른 자세로 임해야 한다. 특히 사랑과 봉사, 희생, 헌신, 배려 등 성직자들과 같은 수준의 도덕성을 요구한다.

노동자로서의 교사관은 교사도 노동자라는 관점이다. 교사도 정신적 노동을 통해 생계를 유지하는 노동자이므로, 생계를 위해 노동에 종사하는 다른 직종의 노동자들과 본질적으로 차이가 없다. 이런 관점에 있는 사람은 노동조합을 결성한다. 그래야만 교사도 노동의 대가로 보수를 받고 처우 개선과 근무여건 개선 등을 위해 노동 3권을 행사할 수 있다. 또한 집단행동을 통해 정부나 고용주에 맞설 수 있고 교사의 권리를 위해 활동할 수 있다.

전문직으로서의 교사관은 교사를 전문직에 종사하는 일종의 전문가로 보는 견해이다. 교사는 지적·정신적 활동을 위주로 고도의 자율성과 윤리성을 필요로 하는 직업이다. 따라서 교사의 자질함양과 사회경제적 지위향상을 위해 전문직에 맞는 적극적인 노력이 요구됨을 강조한다. 특히, 현대사회에서 강조되고 있는 전문직으로서의 교사는 자기가 가르치는 과목에 대한 해박한 지식과 교육방법에 대한 전문적 지식을 갖추고 있어야 하며, 인간과 사회에 대한 자기 나름의 명확한 교육철학을 갖고 실천해 가야 한다.

이러한 세 가지 차원의 교직관은 모두 소중하다. 따라서 어느 하나의 관점으로 교사를 정의해서는 곤란하다. 교사는 자신의 권리를 확보하기 위해 교직단체에 적극적으로 참여할 필요가 있다. 또한 강렬한 역사의식을 통해 미래를 전망해야 하고, 현대사회의 병폐 중 큰 비중을 차지하는 인간 소외현상을 극복하기 위해 전인적 인격체로 거듭나야 한다. 그리고 전문가로서의 능력은 물론, 학생을 비롯하여 이 사회의 민중과 함께 호흡하는 교사로서 책무성을 지녀야 한다.

2. 교사의 자질·역할·임무

'교육의 질은 교사의 질을 능가하지 못한다!' 이는 교사의 실천에 따라 교육의 효과가 달라질 수 있음을 의미한다. 교사는 학생의 학습지도는 물론 생활지도, 기타 다양한 활동을 통해 학생들의 인지적·정의적·신체적 발달을 촉진할 수 있는 교육환경을 조성해야 한다. 그것이 기본 임무이다. 나아가 학생들이 온전한 인간으로 성장할 수 있도록 인간성을 형성시키는 종합예술가의 역할을 해야 한다.

그렇다면 교사는 기본적으로 어떤 자질을 가져야 하는가? 바람직한 교사의 조건은 무엇인가?

첫째, 교사는 가장 먼저 교사로서의 '자긍심'을 가져야 한다. 스스로 이상적 방향성과 교육철학을 설정하고 이를 실천해야 한다. 그것은 학생들을 향한 애정인 동시에 인류애적 이상이다. 특히, 교사는 자신의 지적 충만을 위해 꾸준히 노력하여 자기성장에 관심을 가져야 한다.

둘째, 교사는 교직에 대한 '소명의식'을 지녀야 한다. 교사는 단순한 전문직업인이나 교과목 내용을 전수하는 기술직에 종사하는 사람으로 머물러서는 곤란하다. 그 범주를 넘어 학생들에게 비전을 제시하고 헌신하는 모범적 자세로 임해야 한다.

셋째, 교사는 '사랑과 봉사'의 정신으로 학생들을 배려하고 이해해야 한다. 특히 학생들에게 한없이 베푸는 사랑으로 학생들의 가능성을 인정하고 긍정적 태도를 가지고 책임과 의무를 다할 수 있어야 한다.

넷째, 교사는 사람을 '존중'하는 태도를 지녀야 한다. 교사는 기본적으로 인간을 다루는 직업이다. 그러므로 인간에 대한 존경심을 지니고 그를 수단으로 이용하기보다는 그 자체의 소중함을 깨달을 수 있어야 한다.

다섯째, 교사는 '전문지식'을 갖추고 실천하는 사람이어야 한다. 교육은 기본적으로 전달하고 익혀야 할 내용이 있다. 그런 교육내용에 대해 전문적이고 해박한 지식을 갖추고, 열정과 정성으로 가르칠 수 있어야 한다.

이런 점에서 교사에게는 너무나 다양한 역할이 맡겨져 있다. 학생들에게 필요한 지식을 가르친다는 입장에서 지식의 보고이자 자원이 되어야 한다. 학생들이 어떤 문제를 해결하려고 노력하고 있을 때, 학습의 조력자로서 참여해야 한다. 또한 학교나 학급 내에서 발생하는 다양한 현상에 대해 심판자 또는 훈육자 역할도 해야 한다. 때로는 부모의 대행자가 되어야 하고, 학생들의 다정한 친구로서 대화해야 한다. 이러한 교사의 역할을 임무 차원에서 이해하면

시대정신을 고려한 교직의 철학과 적성

다음과 같다.

첫째, 어린이의 유연한 삶에 감화를 주면서 그들을 완전하고 성숙한 하나의 이상적 인간상으로 키워내는 '인격형성[the making of persons]'

둘째, 인류의 귀한 경험과 유산을 지식으로 다듬어 다음 세대에 계승시키는 '지식의 계승[verbal transmission of knowledge]'

셋째, 자기의 삶을 통하여 바람직한 삶의 모범을 보여주는 '사표[demons-tration]'

넷째, 학생의 학습의욕을 북돋아주며, 학습을 효과적으로 진행하도록 환경을 마련하는 '환경의 정비[arranging learning situation]'

다섯째, 학생의 소질이나 능력을 발견하여 키워주며, 성취해야 할 목표에 비추어 그 성취도를 평가하는 '평가[appraisal]'

여섯째, 사회나 학교 안의 여러 교육적 활동에 학생과 더불어 관여하고 귀한 시사를 주는 '참여[participation]'

일곱째, 진리와 학생 사이의 중개자가 되어 학생과 더불어 진리에의 길을 걷는 '사제동행[mediation]'

3. 교사의 권리와 의무

최일선에서 교육을 담당하고 있는 교사에게 기본 권리는 매우 중요하다. 교육은 일회적이거나 단절적이기보다 다층적이고 연속적이며, 교사는 이를 책임지는 주요 구성원이기 때문이다. 예를 들어, 학생이나 학부모, 기타 특정 단체나 개인으로부터 교사가 권리를 침해당한다면 정상적인 교육은 어렵다. 때문에 교육을 실질적으로 보장하기 위한 교사의 권리는 철저하게 보장되어야 한다. 교사의 권리인 교권은 다음과 같이 정의되고 있다.

"교권은 사회적 제도로서 교육에 종사하는 교원들이 자신들에게 주어진 사회적 역할을 수행하는 데 있어서, 그들이 일정한 기간의 훈련을 통하여 획득한 전문적 지식과 능력의 소유자로서 권위를 인정받고, 부과된 책임과 임무를 이행하는 데 있어서 부당한 간섭과 침해로부터 자신과 자신의 업무를 보호하고, 나아가서 그 전문직에서의 안정된 생활과 최대한의 능률을 기하기 위한 신분상의 보장을 받을 수 있는 조건을 주장할 수 있는 권리이다."

이러한 개념 규정은 학생이나 학부모가 학교교육에 간섭하고 교원의 권리를 침해하는 데 대해, 교사의 권리와 권위를 확보하려는 의도에서 '교사의 교육권'이라는 뜻으로 사용된 것이다. 교사의 자질 및 전문성 향상을 위한 노력은 20세기 중반부터 국제적으로 강조되었다. 1966년 유네스코와 국제노동기구[ILO]는 세계 각국에 교사의 지위에 관한 공통기준을 마련하기 위해 "교원의 지위에 관한 권고"를 선포하였다.

교사의 지위향상과 교사의 권리 보장은 표리일체의 관계이다. 이 권고문은 교사의 지위향상을 표방하지만, 실제 내용은 교사의 권리보장 사항이다. 특히, 권고문에서 주목할 조항은 교원의 지위결정 요인을 분석한 제1조 제2항이다.

교원의 지위라는 말은 교원이 지녀야 할 직무의 중요성 및 그 직무수행 능력에 대한 인식의 정도에 따라 그들에게 주어지는 사회적 대우 또는 존경과 다른 집단과 비교하여 본 근무조건, 보수 및 그 밖의 물질적 급부 등 두 가지 모두를 의미한다.

이 권고문은 교사의 권리를 ① 전문직으로서의 자유, ② 교원의 책임, ③ 교원과 교육활동과의 관계, ④ 교원의 권리[특히, 단체활동]의 네 개념으로 규정하고 있다. 이는 '교사의 3대 권리'로 정돈할 수 있는데, 교육자유권, 문화생활권, 신분보장권의 셋으로 구분할 수 있다.

첫째, '교육자유권'은 전문직으로서의 교사와 관계된다. 교사는 법이 허용하는 범위에서 가르칠 내용을 선정하고, 그것을 개성적 방법으로 교수하며, 그 결과를 평가할 수 있는 자유를 지녀야 한다. 교사는 자신이 확보한 전문지식을 통해 전문직으로서의 임무를 수행하는 데 필요한 학문의 자유를 누려야 한다. 교사는 학생에게 가장 적합한 학습지도 자료와 방법을 판단하는 데 특별한 자격을 가지고 있다. 그러므로 일정한 교육과정 내에서 당국의 원조를 받아 교재의 선정과 개선, 교과서의 선택, 교육방법의 적용 등에 중요한 역할을 담당해야 한다.

시대정신을 고려한 교직의 철학과 적성

유네스코의 권고에 비추어볼 때, 한국의 교육현실은 아쉬운 점이 많다. 교사는 전문직으로 자각하지 못하고, 짜여진 교육과정을 기술자가 기술을 전수해 주는 것처럼 가르치는 경우도 많다. 뿐만 아니라, 교사평가나 학력·성적평가, 잡무 등 다양한 업무를 강요당하기도 한다. 또한 교사에 대한 학부모의 불만, 교육 당국의 일방적 지시 등 교사로서 자유권을 침해당하는 사례가 끊임없이 발생하고 있다.

둘째, '문화생활권'은 물질적 보수와 연관된다. 교사는 그 직분에 합당한 문화생활을 누릴 수 있는 물질적 보수를 받아야 한다. 교직은 영리를 추구하기보다는 봉사하는 직업이다. 그러기에 교사는 교육에 종사하는 본업만으로도 최저한의 문화생활을 할 수 있어야 한다. 따라서 국가 사회는 교사를 지원해야 할 공공적 책무를 져야 한다. 교사들에게 주어지는 사회적 대우나 존경, 그들의 중요성에 대한 인식의 정도 등 여러 요인은 다른 전문직과 마찬가지로 그들이 놓여 있는 경제적 지위에 달려 있다. 때문에 교사의 지위에 영향을 주는 요인 중에서도 봉급은 무엇보다도 중요시되어야 한다.

한국의 교사들은 다른 전문직에 비해 상대적으로 봉급 수준이 뒤떨어진다. 그것으로는 지속적인 교육이나 연구 활동, 문화생활을 즐기기에 매우 부족하다. 다양한 교원복지를 통해 이를 보완할 필요성이 있다.

셋째, '신분보장권'은 법에 의해 정해진 인사·임용상의 권리보장이다. 교사의 신분보장은 부당한 인사행정상의 조치에 합법적 소청 기회를 부여하는 것이다. 아울러 교직단체를 통해 단체활동을 전개할 수 있는 권리도 포함된다. 즉, 취업의 안정성과 신분보장은 교사는 물론, 교육의 안정과 지속을 위해서도 필수불가결하다. 따라서 교육제도 자체가 바뀌거나 또는 교사 조직 내부에 변화가 일어나더라도 보호되어야 한다.

교사는 전문적 지위나 신분에 영향을 미치는 여타의 부당한 행위로부터 충분히 보호될 권리가 있다. 특히, 여성의 경우, 결혼이 교원의 임명이나 계속적인 고용에 지장을 주거나, 보수나 그 밖의 근무조건에 영향을 미쳐서도 안 된다. 임신과 출산휴가를 이유로, 고용자가 고용계약을 종결시키는 일은 철저히 금지되어야 한다. 가정을 책임져야 하는 교원의 경우, 자녀를 돌봐주기 위하여 탁아소나 보육원 같은 특별한 설비도 고려할 필요가 있다. 이외에도, 가정을 지닌 여성 교원에게는 연고지에서 근무할 수 있도록 하고, 부부교사의 경우, 인접지역의 학교에서 근무할 수 있도록 배려할 필요도 있다.

유네스코의 권고문은 교사의 권익을 보호하기 위한 기본 사항이다. 그러나 한국의 교육현실은 이런 권고문과는 거리가 먼 것이 많다. 수시로 교권침해 사례가 헤아릴 수 없을 정도로 많이 발생한다. 부당한 근무조건 개선을 요구한 교사가 직위해제를 당하기도 하며, 기타 여러 사유로 교사가 불이익을 강요당하기도 한다. 체벌을 한 교사에게 물질적 보상 등으로 책임을 요구하기도 하고, 매스컴에 의해 교직이 우롱당하기도 한다. 이는 아직도 한국의 교육현실에 비민주적 요소가 남아 있음을 의미하며, 교육에 종사하는 모든 관계자들이 고민해야 할 문제이다.

무명교사들에게

- Henery Van Dyke

나는 무명교사를 예찬하는 노래를 부르노라.

전투를 이기는 것은 위대한 장군이로되, 전쟁에 승리를 가져오는 것은 무명의 병사로다.

새로운 교육제도를 만드는 것은 이름 높은 교육자로되, 젊은이를 올바르게 이끄는 것은 무명의 교사로다.

그가 사는 곳은 어두운 그늘, 역경을 당하되 달게 받도다.

그를 위하여 부는 나팔 없고, 그를 태우고자 기다리는 황금마차 없으며,

금빛 찬란한 훈장이 그 가슴을 장식하지 않도다.

묵묵히 어둠의 전선을 지키는 그 무지와 우매의 참호를 향하여 돌진하는 그이어니, 날마다 날마다 쉴 줄도 모르고 젊은이의 적인 악의 세력을 정복하고자 싸우며, 잠자고 있는 영혼을 일깨우도다.

게으른 자에게 생기를 불어넣어 주고, 하고자 하는 자를 고무하며, 방황하는 자에게 안정을 주도다.

그는 스스로 학문하는 즐거움을 젊은이에게 전해 주며, 지극히 값진 정신적 보물을 젊은이들과 더불어 나누도다.

그가 켜는 수많은 촛불, 그 빛은 후일 그에게 되돌아와 그를 기쁘게 하나니, 이것이야말로 그가 받은 보상이로다.

지식은 책에서 배울 수 있으되 지식을 사랑하는 마음은 오직 따뜻한 인간적 접촉으로써만 얻을 수 있는 것이로다.

공화국을 두루 살피되 무명의 교사보다 예찬을 받아 마땅할 사람이 어디 있으랴.

민주사회의 귀족적 반열에 오른 자, 그 밖에 누구일 것인고, '자신의 임금이요, 인류의 종복인저!'

❖ 학습활동 7 - 새로운 교직관 모색

구분	20세기형 교직관 (요약/정돈)	21세기형 교직관 (구상/창조)
개별사고활동		

시대정신을 고려한 교직의 철학과 적성

공 동 체 사 유 전 개

종 합

정 돈

시대정신을 고려한 교직의 철학과 적성

교직을 위한
의사결정

교직을 위한 의사결정

1. 의사결정 과정

일반적으로 의사를 결정하는 과정은 '선택의 과정'이다. 특히, 주어진 목적 달성에 적합한 여러 대안 가운데 최선의 것을 선택하는 과정이라 할 수 있다. 교직이라는 진로 선택의 과정도 마찬가지이다. 우리의 일상은 자연스럽게 주어진 상황에서 '의사결정' 과정에서 선택을 통해 구성된다. 사소하게는 일상에서 누구와 점심식사를 할 것인지, 이번 주말에는 어떤 여가활동을 할지의 의사결정도 선택을 통해 진행된다.

교직과 같은 인생의 진로를 선택하는 경우, 의사결정 과정은 보다 신중해지게 마련이다. 대학 진학의 과정에서 어떠한 전공과 학교를 선택하느냐? 교원양성 기관에 들어가서 교직을 선택할 것인가의 문제도 이에 해당한다. 이러한 의사결정 과정은 일정한 목표를 담보로, 이 목표에 가장 효과적으로 접근하는 여러 방법들을 상호 비교하는 과정이 포함된다. 이때, 선택의 가장 큰 기준은, 목표를 합리적이고 현실적으로 실행할 수 있는가? 그 대안을 찾을 수 있느냐의 여부이다. 여기서 의사결정은 세 가지 특징을 갖는다.

첫째, 의사결정은 사려 깊은 의식적 행동이다. 따라서 반사적 반응이나 무의식적 행동은 배제된다. 왜냐하면 그것은 의사결정이라기보다 습관 또는 반응 행동이기 때문이다.

둘째, 의사결정은 여러 대안 가운데 하나를 의식적으로 선택하는 작업이다. 어떤 문제에 대해 해결할 수 있는 대안이 하나만 존재한다면, 의사결정은 필요하지 않다. 하지만 실제 상황에서 하나의 대안만이 존재하는 경우는 거의 없다.

셋째, 의사결정은 의사결정자가 일반적으로 현실과 목표 사이의 차이를 인식함으로써 시작된다. 즉, 여러 의사결정의 과정에는 현실에 대한 문제의식을 바탕으로 현실을 개선하려는 목적의식이 포함되어 있다.

합리적인 의사결정 과정을 위해서는, 의사결정자가 문제를 인식하여 이를 체계화해야 한다. 그리고 문제해결에 필요한 정보를 수집·분석하여 최종안을 선택하는 단계를 거친다. 의사결정 과정은 크게 다음과 같이 구성할 수 있다. '문제의 파악 – 대안의 수집·개발·발견 – 대안의 평가 – 대안선택과 실천 – 사후관리'가 그것이다.

첫째, '문제의 파악'은 현재의 상태와 목표하는 것과의 차이를 검토하여, 현재의 상태가 목표를 달성하는데 적합한지를 확인하는 작업이다. 일반적으로 목표가 명확한 경우, 목표를 달성하는데 필요한 방향성과 노력의 투자비용이 뚜렷이 부가된다. 이를 기준으로 현재의 상황이 목표달성에 어떠한 장애물로 작용할 수 있는지 확인할 수 있다. 이러한 문제 파악의 과정은 수시로 진행되어야 한다. 그러나 문제 파악의 과정에서 두 가지의 오류가 생길 수 있다. 첫 번째는 '정보오류'이다. 누락되고 왜곡된 잘못된 현실 정보를 의사결정자가 받아들이는 경우이다. 두 번째는 '지각오류'이다. 의사결정자가 정보를 잘못 판단하거나 왜곡하여 받아들이는 경우를 말한다. 이 두 가지 오류를 저질렀다면, 제대로 된 의사결정은 불가능하다.

둘째, 대안의 수집·개발·발견의 차원이다. 현재의 상황이 목표달성 과정에 장애물로 확인되었을 경우, 이러한 현실 상황을 개선하기 위한 여러 대안을 강구해야 한다. 현실 상황을 개선하기 위해서는 가능한 대안이 유일무이한

시대정신을 고려한 교직의 철학과 적성

경우도 있지만, 일반적으로 여러 가지 해결방법이 존재한다. 이때는 개별 대안과 관련한 정보가 필요하다. 즉, 개별 대안에 대한 비용, 기간, 장단점 등을 명확하게 파악하여, 의사결정자의 상황에 가장 적합한 대안을 선택해야 한다. 하나 이상의 대안이 선택될 수도 있지만, 그것이 이미 고려하는 내용 가운데 하나라면, 위계의 순위에 기초한 두 번째의 대안일 수밖에 없다.

셋째, 대안의 평가 문제이다. 무엇보다도, 대안의 평가 과정에서 기준에 적절한 위계와 가중치를 부여하는 일이 중요하다. 평가 요소의 가중치는 의사결정자의 상황과 가치에 터하여 상당히 주관적으로 결정될 수 있다. 의사결정자마다 다르다. 하지만 주관적 결정일지라도 이성적 판단에 기초해야 한다.

넷째, 대안의 선택은 최적의 안을 선택하는 것이 이상적이다. 하지만, 판단하는 개인의 한계로 인해 최적의 대안만을 선택할 수는 없다. 이론적으로 합리적일지라도, 실제적으로 적용 가능한 범위에서 차선책이 현실적인 경우도 많이 있기 때문이다. 어떠한 대안이건 일단 결정이 되면 신속하게 실천해야 한다. 현실화 되지 못한 의사결정은 아무 쓸모가 없기 때문이다. 우리는 일상생활에서 아주 오랜 고민 끝에, 최종적으로 결정한 내용을 실천하지 않거나, 실천을 하더라도 엉뚱하게 적용하는 경우가 있다. 모든 의사결정은 실천을 통해 의미를 찾게 되므로, 현실적 실천을 하지 않은 활동은 의미가 없다.

다섯째, 대안의 실천 이후, 사후관리도 중요하다. 대안의 실천 과정에서 선택된 대안을 평가하고 통제할 필요도 있다. 의사결정 과정에서 선택되고 실천된 내용이 반드시 최선의 방법일 수는 없기 때문이다. 선택이 잘못되었다는 평가에 이를 경우, 새로운 대안을 수집·개발하고 평가하여 실천해야 한다. 또한 사용된 대안을 잘 정리하여 이후의 유사한 상황에서 다시 적용할 수 있도록 정돈하는 일도 중요하다. 의사결정자의 잠재의식이나 기억 속에 형성된 대안의 틀이 고정되면, 이를 '학습'되었다고 한다.

2. 합리적 의사결정

자신의 진로를 고민하는 과정에서 합리적 의사결정은 매우 중요하다. 합리적 의사결정은 문제해결을 위한 최적의 해결책을 찾아내어, 의사결정자에게 최대의 혜택이 돌아갈 수 있도록 선택한다. 이러한 의사결정을 위해서는 몇 가지 조건들이 충족되어야 한다. 그것은 다음과 같다.

첫째, 의사결정자가 최대한의 좋은 정보를 가지고 있어야 한다.

둘째, 의사결정자는 주어진 정보에 대해 정확한 처리를 할 수 있어야 한다.

셋째, 의사결정자는 결정된 내용을 실천하여 현실화하는 최대한의 행동 대안을 가지고 있어야 한다.

넷째, 의사결정자는 개별적 대안에 대해, 아주 정확하고 현실적인 평가를 할 수 있어야 한다.

아래의 활동지를 하나의 예시로 삼아, 의사결정의 유형을 확인할 수 있다. 각 문항들을 읽고 그 내용이 자신의 입장과 같으면 표시해 보라.

1	나는 중요한 의사결정을 할 때 한 단계 한 단계 체계적으로 한다.	
2	나는 내 자신의 욕구에 따라 매우 독특하게 의사결정을 한다.	
3	나는 얻을 수 있는 모든 정보를 수집하지 않고서는 중요한 의사결정을 하지 않는다.	
4	의사결정을 할 때 내 친구들이 나의 결정을 어떻게 생각할 것인가를 매우 중요시한다.	
5	나는 의사결정을 할 때, 의사결정과 관련된 결과까지 고려한다.	
6	나는 다른 사람의 도움 없이는 중요한 의사결정을 하기가 힘들다.	
7	나는 어려운 문제에 부딪치면 재빨리 결정을 내린다.	
8	나는 의사결정을 할 때 스스로의 즉각적인 느낌이나 감정에 따른다.	
9	나는 내가 하고 싶은 것보다 다른 사람이 어떻게 생각하느냐에 영향을 받아 의사결정을 한다.	
10	어떤 의사결정을 할 때 나는 시간을 갖고 주의 깊게 생각해 본다.	
11	나는 문제의 본질에 대해 찰나적으로 떠오르는 생각에 의해 결정한다.	
12	나는 친한 친구에게 먼저 이야기하지 않고는 의사결정을 거의 하지 않는다.	
13	나는 중대한 의사결정 문제가 예상될 때, 그것을 계획하고 생각할 시간을 충분히 갖는다.	
14	나는 의사결정을 못한 채 뒤로 미루는 경우가 많다.	
15	의사결정을 하기 전에 올바른 사실을 알고 있으나 확인하기 위해 관련된 정보들을 다시 살펴본다.	
16	나는 의사결정에 관해 실제로 생각하지는 않지만 갑자기 생각이 떠오르면서 무엇을 해야 할지 알게 된다.	
17	어떤 중요한 일을 하기 전에 나는 신중하게 계획을 세운다.	
18	의사결정을 할 때 나는 다른 사람의 많은 격려와 지지를 필요로 한다.	

시대정신을 고려한 교직의 철학과 적성

19	나는 의사결정을 할 때 마음이 가장 끌리는 쪽으로 결정을 한다.	
20	나의 인기를 떨어뜨릴 의사결정은 별로 하고 싶지 않다.	
21	나는 의사결정을 할 때, 예감 또는 육감을 중요시한다.	
22	나는 조급하게 결정을 내리지 않는데, 그 이유는 올바른 의사결정을 확신하고 싶기 때문이다.	
23	어떤 의사결정이 감정적으로 나에게 만족스러우면 나는 그 결정을 올바른 것으로 본다.	
24	올바른 의사결정을 할 수 있는 능력에 자신이 없기 때문에 주로 나는 다른 사람의 의견을 따른다.	
25	종종 내가 내린 각각의 의사결정을 일정한 목표를 향한 진보의 단계들로 본다.	
26	내가 내리는 의사결정을 친구들이 지지해 주지 않으면 그 결정에 대해 확신을 갖지 못한다.	
27	의사결정을 하기 전에, 나는 그 결정을 함으로써 생기는 결과에 대해 가능한 많이 알고 싶다.	
28	나는 "이것이다"라는 느낌에 의해 결정을 내릴 때가 종종 있다.	
29	대개의 경우 나는 주위 사람들이 바라는 방향으로 의사결정을 한다.	
30	여러 가지 정보를 수집하거나 검토하는 과정을 갖기보다, 나에게 떠오르는 생각대로 결정을 내리는 경우가 자주 있다.	

채점 방법은 간단하다. 각 유형별 문항에서 표시된 응답이 많을수록, 그 유형의 경향이 높은 것으로 볼 수 있다. A유형의 경우 4, 6, 9, 12, 14, 18, 20, 24, 26, 29이고, B유형은 2, 7, 8, 11, 16, 19, 21, 23, 28, 30이며, C유형은 1, 3, 5, 10, 13, 15, 17, 22, 25, 27이다.

3. 교육 공간에서 의사결정

교사는 일상생활의 지리적 공간이 학교이다. 학교라는 공간에서 업무를 보거나 교육을 한다. 여가 및 레저 활동을 위해 인근 공원이나 극장에 가기도 하고, 생활에 필요한 물품을 구입하기 위해 시장이나 백화점을 찾기도 한다. 교사의 일상 활동은 이러한 공간에서 진행되고, 교사 개인은 공간적 의사결정 과정을 통해, 교육활동의 목적과 내용에 따라, 그에 적합한 공간을 선택한다. 축구를 하려고 하면 운동장을 선택하고, 수영을 하려면 수영장을 이용한다. 이 과정에서 교사들은 공간 이동의 경로까지 선택하게 된다. 이때 일반적으로 주어진 정보를 최대한으로 이용한다. 최소한의 시간과 노력, 비용을 절감하여 이동의 효율성을 최대화하려고 한다.

교육 공간에서 의사결정 과정은 교육목표를 달성하기 위한 의사결정이다. 이 과정은 최적의 교육적 정보를 이용하여 대안을 만들고 평가하는데, 그런 측면에서 개인적 공간 의사결정 과정과 동일하다. 하지만, 교육 공간의 의사결정 과정에서는 교육에 필요한 합의를 도출하기 위한 여러 방법들이 요구된다.

여기에서 하나의 활동 사례를 제시해 본다. 미래의 삶을 투영하는 방법으로서의 교육 공간 의사결정 과정이다.

여러분은 10년, 20년, 30년 후의 삶에 기초하여, 교육 공간, 즉, 학교에 대한 의사결정 과정을 진행하게 됩니다. 미래의 여러분은 아마도 본인이 원하는 분야의 직장인 학교에서 일을 하게 되며, 본인이 선호하는 지역에서 여러분의 가족과 함께 거주하게 됩니다. 여러분이 교직에 종사하면서도 거주지가 다양하듯이, 여러분들의 교육 공간에 관한 의사결정 과정에 고려되는 요인들도 다양할 것입니다. 이 활동에서 여러분들은 인생의 세 가지 연령(20대, 30대, 40대)에 따라, 다섯 가지 요인들을 고려하여 교육 공간에 관한 의사결정을 하게 됩니다.

* 제시 자료: 교육 공간 요인의 위치가 표시된 한 지역의 지도
* 공간적 고려 요인
  ① 여가·오락: 야구장, 축구장, 영화관, 강 등
  ② 직장 접근성: 재직하는 학교
  ③ 자녀 교육: 좋은 학군(학원에 대한 접근성 등)
  ④ 부모부양: 노인들이 선호하는 거주 지역(조용하고 쾌적하고 녹지가 많은 환경)
  ⑤ 생활편의 시설: 백화점, 세탁소, 슈퍼마켓 등

위의 자료를 참고하여, 아래의 내용에 대해 본인의 의사를 결정해 보자. 먼저, 본인의 20대를 위해 이루어진 교육 공간 의사결정을 지도를 통해 보여주고, 그 이유를 설명한다. 다음으로 본인의 30대를 위해 이루어진 교육 공간

시대정신을 고려한 교직의 철학과 적성

의사결정을 지도를 통해 보여주고, 그 이유를 설명한다. 마지막으로 본인의 40대를 위해 이루어진 교육 공간 의사결정을 지도를 통해 보여주고, 그 이유를 설명한다.

❖ 학습활동 8 – 교직 이행을 위한 의사결정

구분		내용
개 인 사 고 활 동	문제 파악	
	대안 수집 개발 발견	
	대안 평가	
	대안 선택 실천	
	사후관리	
	정리	

시대정신을 고려한 교직의 철학과 적성

공

동

체

사

유

전

개

종 합 　 정 돈

내 삶의 주인공,
진정으로 교직을
요청하는가?

09

내 삶의 주인공,
진정으로 교직을 요청하는가?

1. 교직을 지향하는 자신에게 말을 걸다

☐ 내가 나에게, 내가 너에게, 네가 나에게

학과: _____

학번: _____

성명: _____

나는 누구일까요? 나는 어디에 있으며 나의 모습은 다른 사람들에게 어떻게 비추어질까요? 너무나 경쟁적이고 바쁜 현대사회에서 우리는 나를 잃어버리는 경우가 많습니다. 무엇을 해야 할지, 어디에 머물러야 할지 모른 채, 시간은 자꾸 흘러갑니다.

너무 숙연한 말인가요? 매일 숙연한 상태로 엄격하게만 자기 관리를 한다면,

목사나 신부, 수녀, 또는 스님과 같은 수도하는 종교인이 되어야 할 것입니다.
그러나 우리는 배우는 사람입니다. 특히, 교직을 지망하는 대학생입니다. 그러니까 매일은 아니더라도 가끔씩, 어떤 계기에 따라 교직을 향한 자기 성찰을 통해 스스로에게 삶의 동기부여를 할 필요가 있습니다. 교직을 고민하며, 자신의 인생을 질적으로 성장시켜 봅시다.

2. 고정관념 깨기와 사고의 전환

우리는 일상에 매몰되어 있는 경우가 많습니다. 데카르트는 현재 생각하고 있는 나 자신 이외에 모든 것을 회의(懷疑)해 보았다고 했어요. 삶을 올바르게 살기 위해서는 일상에서 벌어지는 모든 것을 의심해볼 필요가 있습니다. 왜냐하면 현실의 삶에서 이것이 옳은지, 저것이 그른지, 내가 잘했는지 잘못했는지, 해야 할 지 말아야 할 지, 시비(是非) 판단을 하기 어려운 것이 많기 때문입니다. 대부분의 경우, 기존에 관행처럼 여겨오던 것들에 대해 그저 그렇거니 하고 넘깁니다. 그렇게 되면 그냥 개념 없이 살아가기 쉽습니다. 이렇게 되면 우리가 열심히 공부하는 이유가 무색해집니다. 특히, 교직을 지망하는 교사는 교육적 차원에서 세상에서 일어나는 일들에 대해 진지할 필요가 있습니다.

❑ 다음에 제시하는 내용을 보면서, 어떤 생각이 드는지, 적어 보세요.

1) 나무냐? 사과냐? 아니면 다른 무엇이냐?

2) 무엇을 어떻게 선택할 것인가?

내용	* 똑바로 읽을 때 **"살 자"** = 삶의 문제	* 거꾸로 읽을 때 **"자 살"** = 죽음의 문제
	"경력" = 진보·향상·전문성	**"역경"** = 어려운 처지·환경
선택 (설명)		

3) 현재 나의 모습을 글이나 그림으로 묘사해 보세요.

* 나는 ○○○○년 ○○월 ○○일 ○○시 ○○분 현재,
  어떤 삶을 살고 있는가?

3. 삶의 이력서

이력서(履歷書)를 작성해 본 적이 있습니까? 흔히, 직장에 취직을 하거나 아르바이트를 하려고 할 때, 자기소개서와 이력서를 제출합니다. 내 삶의 이력서! 지금까지 나는 무엇을 하고 살았나요? 이는 나를 거울에 비추어 보는 것과 같습니다. 나를 거울에 공개하였을 때, 비추어지는 모습, 그것이 초라하다면 풍성하게 만들면 되고, 만족스럽다면 더 채워서 자긍심을 지닐 수 있게 하면 될 것입니다. 교직을 지망하는 자신의 이력서를 쓰면서, 이번 학기에 느낀 교직관을 중심으로 자신의 삶의 실천 의지를 확인하고, 교직을 지망하는 학생으로서의 삶을 점검해 봅시다.

☐ 내 삶의 이력서

구분	현재 성취 이력서	미래 이력서
0-9세		
10대		
20대		

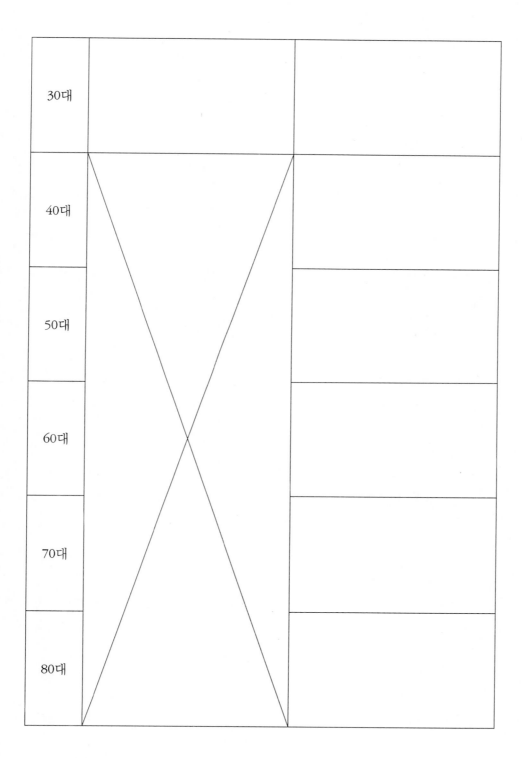

09 내 삶의 주인공, 진정으로 교직을 요청하는가?

❏ 교직 브랜드 파워와 나의 명함(내 삶의 전략)

브랜드 파워	명함
나의 장점, 특기, 교직 비전 설정	이름, 연락처, 직장, 직위 등
①	• 명함(예시)
②	○○대학교 ○학년 학년대표 ○○ 동아리 회원 　　　　김 ○○ 전 화: 123-4567 핸드폰: 000-1234-5678 e-mail: ku000@korea.ac.kr ○○도 ○○시 ○○로 123-4번지
③	
④	
⑤	• 현재 명함(20대)
⑥	
⑦	
⑧	
⑨	• 미래 명함(30대/40대/50대)
⑩	

4. '유서(遺書)'를 초월한 새로운 인생

유서 작성을 한다고 하니, 모두 죽기를 작정한 것 같은 느낌입니까? 절대 아니니 걱정 마세요. 자신의 인생 진로에서 교직에 대해 생각해 보기 위한 하나의 방편입니다. 유서는 말 그대로 '남기는 글'입니다. 흔히, 죽음을 앞두고 누구에겐가 꼭 하고 싶은 말을 남기지요? 그때 진심(眞心)이 들어 있는 경우가 많습니다. 여기에서는 죽음이 아니라, 교직을 이수하면서 자신에게 남기는 말을 적어 봅니다. 유서를 남기듯이, 교직을 이수해야 하는 자신에게, 마지막으로 어떤 말을 남기고 싶습니까? 무슨 공부를 통해, 내 삶을 영위하고 싶은지, 자신에게 하고 싶은 말을 간절하게 기록해 보세요.

교직에 대한 관심(수업 이전)	교직에 대한 관심(수업 이후)

153

- 내 삶을 생각해 본 나 자신에게,
그리고 수업을 함께 한 친구들에게,
정말, 감사합니다 -

교직 인성·적성 자가 점검표(예시)

〈일러두기〉

1. 본 〈자가 점검표〉는 대학교 사범대학 재학생들이 교직 진로에 대한 고민을 하며 직접 논의에 참여하여 만들었습니다.

2. 본 〈점검표〉에는 대학생들의 교직관에 대한 의식이 포함되어 있습니다. 따라서 과거의 전통적 교직관과 미래에 교직을 지망하는 대학생들의 인식 차이가 반영되었습니다. 사회 변화와 교육 문화의 전환을 고려하여, 미래에 교사를 희망하는 예비교사는 시대정신을 새롭게 반영하는 교직관을 선택할 것입니다.

3. 본 〈점검표〉는 2020년대에 적용될 수 있는 교직 인·적성에 관한 '자기 체크리스트'입니다.

4. 본 〈점검표〉는 교직 인·적성을 객관적으로 판정하여, 교직 적합 여부를 결정하는 절대적 기준이 아닙니다. 시대정신에 부합하는 교직관을 고민하면서 교직 인·적성을 확인하는 참고 자료로 활용할 수 있습니다.

5. 자가 점검 항목은 총 85개 항목으로, 교사로서의 자기진단, 직업의식, 책임감, 자긍심, 열정, 문제의식, 지도력, 언어전달력, 공감능력 등 다양한 내용이 혼재되어 있습니다. 이에 인·적성을 구체적으로 구분하지 않고 의미상 중복되는 부분이 있더라도 다양한 영역(교사로서의 소명감, 도덕성, 학생 존중 및 이해, 생활지도, 교수 연구, 감정 조절 등)으로 나누어 체크할 수 있도록 구성하였습니다.

* 위의 〈일러두기〉 내용을 참고로 현재 본인의 교직에 관한 생각과 미래 교사로서 교직관에 대해 솔직하게 확인하고 점검해 보세요.

Ⅰ. **자기 점검(약식 체크):** 자신의 교직관에 비추어 볼 때, 교직 인·적성과 관련하여, 현재 자신은 어떻게 인식하고 있는지, 아래 항목을 체크(∨)하시오.

범주 (영역 분류)	번호	항목	전혀아니다	그렇지않다	보통이다	그렇다	매우그렇다
소명감 책임감	1	나는 교사가 되려는 마음의 준비가 되어 있고, 교사가 되고 싶다.					
	2	나는 가르치는 일을 좋아한다.					
	3	나는 10년 후에도 학생들에게 아름답고 이상적인 교사상이 무엇인지를 항상 고민한다.					
	4	나는 교사가 된 이후에 다가올 여러 가지 어려움을 고려하며 그것을 극복하여 교직을 보람 있게 만들어 가려고 한다.					
	5	교사로서 학생의 성장을 이끌어내는 것은 보람차고 값진 일이다.					
	6	나는 직무와 관련하여 맡은 일에 대해 책임을 지고 완수한다.					
	7	나는 학교 바깥에서도 학생을 지도할 준비가 되어 있다.					
	8	교사는 개인에게 주어지는 급여보다 교사 고유의 사명감과 책임감을 중시해야 한다.					
	9	교사는 끈기를 갖고 학생을 포기하지 않아야 한다.					
	10	나는 학교생활에 적응하지 못한 학생이나 수업에서 낙오한 학생들을 포기하지 않고 이끌어갈 수 있다.					
	11	나는 학교의 공식적인 근무 시간 이외에 상담을 요청해 온 학생에 대해 충실하게 응할 수 있다.					
	12	나는 내가 담당한 교육에 관한 문제라면 책임감을 갖고 맞설 용기를 지니고 있다.					
	13	교사는 대한민국 사회에 의미 있는 영향력을 미칠 수 있는 존재라고 판단한다.					
	14	학생들이 학교 바깥에서 비교육적 행위(불순한 의도의 불량한 행동)를 하고 있다면, 나와 상관없는 일로 판단한다.					

범주 (영역 분류)	번호	항목	전혀아니다	그렇지않다	보통이다	그렇다	매우그렇다
도덕성 객관성 자율성	15	나는 학생들에 대해 차별적 시선을 갖지 않으려고 노력한다.					
	16	인성교육을 실시하기 위해서는 교사가 먼저 모범적 인격성을 갖추어야 한다.					
	17	나는 인간관계의 중요성을 인식하고 모든 사람(특히 학생)을 인간으로서 존중한다.					
	18	교사는 공공의 이익을 중요하게 여기기도 하지만, 개인의 이익이 보다 중요하다고 판단한다.					
	19	나는 교수－학습 과정에서 학생과의 불필요한 신체 접촉이나 불순한 언행을 하지 않는다.					
	20	나는 적절한 시간 관리를 통해, 교과와 생활지도, 행정 등 주어진 업무를 효율적으로 수행할 수 있다.					
	21	나는 교육과정에서 특정한 정치적·종교적 신념이나 가치관을 배제하고 중립성을 유지한다.					
	22	나는 학부모를 비롯하여 교육과 관련한 외부의 청탁을 단호하게 거절할 수 있다.					
	23	나는 교사로서 교육에 관한 여러 사안에 대해 비판적 태도를 유지하면서 끊임없이 배우려는 자세를 지니고 있다.					
	24	나는 공식적인 자리이거나 개인적인 자리이거나 교사로서의 자세나 태도 면에서 큰 차이를 보이지 않는다.					
	25	나는 주변 사람들[학생, 학부모, 동료교사 등]로부터 신뢰받고 있으며 고민을 들어주는 멘토 역할을 할 수 있다.					
	26	나는 학생의 종교나 가정 배경, 신체적 능력이나 지적 수준과 관계없이, 모든 학생을 평등하게 대할 수 있다.					
	27	나는 자발적으로 동료 교사들과 협동하면서 보다 바람직한 교육환경을 조성할 수 있다.					
	28	나는 교장/교감(직장 상사), 동료 교사, 학부모 등 교육과정에서 접촉이 빈번한 사람들과 건전한 인간관계를 형성할 수 있다.					

교직 인성·적성 자가 점검표

범주 (영역 분류)	번호	항목	전혀아니다	그렇지않다	보통이다	그렇다	매우그렇다
	29	나는 학부모나 학교 외부의 압박이 있을지라도 수업 내용에서 중립성을 잃지 않는다.					
	30	나는 학교 내에서 발생할 수 있는 교장이나 교감, 부장교사들의 여러 가지 압력이 있다면, 이에 대해 유연하게 대처할 수 있다.					
	31	학부모가 여러 수단을 동원하여 개인적으로 연락하거나 부탁하더라도 객관성을 잃지 않는다.					
	32	내가 옳다고 생각하는 정치적·종교적 사상이 있다 할지라도 그것을 학생들에게 가르쳐서는 안 된다.					
	33	교사는 교사로서의 품위를 지켜야 한다.					
학생 존중 학습자 이해	34	나는 교사로서 학생과의 관계 개선에 항상 힘쓰며 학생에게 상처를 주지 않기 위해 노력한다.					
	35	나는 교육에서 칭찬의 중요성을 알고 있으며 칭찬을 하면 학생의 언행이 긍정적으로 변화할 것으로 생각한다.					
	36	나는 학생을 동등한 인격체로 이해하고 그의 가능성과 잠재능력을 신뢰한다.					
	37	나는 학생[청소년 세대]들이 지닌 그들만의 고유한 문화를 이해하려고 노력한다.					
	38	나는 청소년 문화를 배우고 존중하여, 세대 간의 차이를 극복할 준비가 되어 있다.					
	39	나는 학생 개개인을 존중하고, 성별이나 성적 등의 특별한 요인에 따른 차별을 하지 않는다.					
	40	나는 청소년기 학생의 사고방식과 행동이 성인과 다를 수 있음을 이해하고, 그들의 입장에서 다양한 교육문제를 생각한다.					
	41	나는 학생이 바람직한 행동을 했을 때, 구체적으로 칭찬하여 행동을 강화시킬 수 있다.					
	42	나는 개인적 선호에 의거하여 학생을 차별하거나 편애하지 않는다.					
	43	나는 교육과정에서 경직된 학업분위기나 학습자 상호 간의 의사소통을 부드럽고 편안하게 바꿀 수 있다.					

시대정신을 고려한 교직의 철학과 적성

범주 (영역 분류)	번 호	항 목	전 혀 아 니 다	그 렇 지 않 다	보 통 이 다	그 렇 다	매 우 그 렇 다
	44	나는 학생들의 특정한 행위를 보고 섣부르게 판단하지 않고 개인적 선입견을 배제할 수 있다.					
	45	나는 학생들과 다양한 영역[청소년 언어, 게임 문화, 청소년들의 화제, 관심 분야 등]에서 공감할 수 있다.					
	46	나는 학생 개개인이 제시하는 의견을 일일이 경청하고 존중하려고 노력한다.					
	47	나는 어떤 내용에 대해 상대방[학생, 학부모, 동료교사, 지역사회 주민 등]이 이해하기 쉽도록 그 사람의 눈높이에 맞춰 설명할 수 있다.					
	48	나는 학생들이 학교생활 가운데 저지르는 실수를 포용하고, 학생들의 행동 개선에 도움을 줄 수 있다.					
	49	나는 학생들의 정당한 요구와 반항을 객관적으로 구분할 수 있으며, 이런 상황에 대한 통제가 가능하다.					
생활 지도 안전 지도	50	나는 학생들[학부모, 동료교사, 지역사회 주민 등]과 함께 있을 때, 그들이 관심을 가질 수 있는 유쾌하고 의미 있는 화제를 이끌어 낸다.					
	51	나는 다른 사람을 설득하여 이해시키고 통솔하는 과정을 선호한다.					
	52	나는 특정한 문제 상황에 직면했을 때, 그것을 적극적으로 해결하기보다 가끔씩 피하려는 경향이 있다.					
	53	교사의 언행은 학생들의 학업을 유도하고 동기 부여하는 데 큰 영향을 미친다.					
	54	교사는 학생의 인성 발달 및 형성 과정에서 다양한 측면으로 영향을 미칠 수 있다.					
	55	나는 개인적 성격 상, 위급하거나 긴급한 상황이 발생하면, 당황하여 판단력이 흐려지는 경향이 있다.					
	56	학생에게 특정한 문제가 발생했을 때, 학부모 상담을 비롯한 다양한 형식의 연계를 통해, 문제를 다층적으로 이해하고, 상황에 따라 적절하게 대응할 수 있다.					

교직 인성·적성 자가 점검표

범주 (영역 분류)	번 호	항 목	전 혀 아 니 다	그 렇 지 않 다	보 통 이 다	그 렇 다	매 우 그 렇 다
	57	나는 학생을 지도할 때, 공감과 상호소통에 의지하기보다는 강요나 압박, 상벌 등 외부의 물리적 힘을 중시한다.					
	58	나는 학생들에게 지식교육뿐만 아니라, 개별 학생의 생활지도, 진로지도, 인성교육에 대해 관심이 많고, 구체적인 방법을 동원하여 지도할 수 있다.					
	59	나는 정신적·육체적으로 학생의 신변에 문제가 생겼을 때, 어떻게 대응해야 하는지 알고 있다.					
	60	나는 위급 상황에서 학생의 안전을 지킬 수 있는 기초적인 방법[예: 심폐소생술과 화재 시 대응 방법, 응급처치 등]을 숙지하고 있다.					
시대 정신 교수 연구	61	나는 교육에 필요한 다양한 정보를 학생들이 원하는 지식으로 가공하여 구체적이고 명확하게 전달할 수 있다.					
	62	나는 학교 수업에서나 교육 실천 및 연구 사례를 발표할 때, 멀티미디어를 적극적으로 활용할 수 있다.					
	63	나는 학생들에게 가르칠 교과서 및 교재 개발에 관심이 많고, 적극적으로 참여할 수 있다.					
	64	나는 장애가 있는 학생이나 다문화 가정의 학생이 함께 하는 수업을 적절하게 조율하며 이끌어 나갈 수 있다.					
	65	교사연수나 교사교육에서 학생들을 이해하기 위한 청소년 문화교육이 중요하다.					
	66	나는 교육과정에서 학생들이 요청하는 사안에 대해 적극적으로 피드백 하는 수업을 만들 수 있다.					
	67	나는 교육의 질을 향상해 나가기 위해 지속적으로 자기계발(개발)을 하는 데 흥미를 느끼는 편이다.					
	68	나는 다양한 교수법을 개발하여 효과적인 수업을 하려고 노력한다.					
	69	나는 수업 중에 학생들의 이해도를 파악하여 수업 난이도를 조절하는데 참고한다.					

시대정신을 고려한 교직의 철학과 적성

범주 (영역 분류)	번호	항 목	전혀아니다	그렇지않다	보통이다	그렇다	매우그렇다
	70	교육은 인공지능·빅데이터·생명공학 등 이른바 4차 산업혁명의 시대 상황 및 사회 변동에 부합하게 진행되어야 한다.					
	71	교사는 자기 나름의 효과적인 교수법을 갖추되, 학생들의 성향을 고려하여 상황에 맞게 유연성을 발휘할 수 있어야 한다.					
	72	교사가 된 이후에도 교과목에 관한 새로운 이론이나 교양에 관한 배움은 계속되어야 한다.					
	73	학생의 학업능력 평가에서 주관적 판단을 배제하고 객관적으로 점검하려고 노력하여, 학업의 과정과 결과를 모두 중시한다.					
	74	학교에서의 교육뿐만 아니라, 지역사회와 연계를 통해 학생들에게 보다 많은 학습 프로그램을 제공할 수 있다.					
	75	현재의 교수－학습 활동이 적절하지 못하다고 느낄 때, 당황하지 않고 융통성 있게 다른 교수법을 적용할 수 있다.					
감정 조절 자가 조절	76	나는 자신의 감정에 잘 휘말린다.					
	77	가끔씩 나 자신의 감정 문제를 조절하기 어려워, 교육에 집중하기 힘들 때가 있다.					
	78	나는 주어진 교육과정에 따라 교육이 진행되지 않을 때 불안감이나 초조감을 느낀다.					
	79	나는 교육문제가 발생했을 때, 객관적이고 이성적으로 접근하는 편이다.					
	80	자신의 기분이나 감정이 타인[동료교사, 학부모, 지역주민 등]의 그것과 동일하지 않음을 인식하고, 나의 감정을 겉으로 표출하여 타인에게 강요하지 않는다.					
	81	나는 인간[동료교사, 학부모, 지역주민, 자치단체 등] 사이에 문제가 발생했을 때, 감정적으로 대응하기보다는 대화를 통해 해결하려 한다.					
	82	교직생활에서 다양한 문제가 발생할 텐데, 점차로 극복할 수 있다는 자신감을 갖고 있다.					
	83	나는 개인적으로 가지게 된 부정적 감정을 학생에게 전달되지 않도록 언행을 조절할 수 있다.					

교직 인성·적성 자가 점검표

범주 (영역 분류)	번 호	항 목	전 혀 아 니 다	그 렇 지 않 다	보 통 이 다	그 렇 다	매 우 그 렇 다
	84	학생이 도발적 언행을 저지르더라도 감정적으로 대응하지 않을 수 있다.					
	85	학생으로부터 다양한 형태의 스트레스를 받을 때 스스로 조절할 수 있다.					

시대정신을 고려한 교직의 철학과 적성

II. **자기 점검(서술식):** 현재 사범대 학생으로 자신은 교직을 어떻게 인식하고 있는지, 종합적으로 점검하여 간략하게 기술하시오.

교직과 관련한 자신의 **'장점'** [강점]	
교직과 관련한 자신의 **'단점'** [약점]	
교직 인성/적성 과 관련한 **종합적** **자가 진단**	

교직 인성 · 적성 자가 점검표

저자약력

신창호(申昌鎬)

현) 고려대학교 교육학과 교수

주요 학력
고려대학교 학사(교육학/철학)
한국학중앙연구원 석사(철학 전공)
고려대학교 박사(Ph. D, 교육철학 및 교육사학)

주요 경력
고려대학교 입학사정관실 실장/교양교육실 실장/교육문제연구소 소장/평생교육원 원장
한국교육철학학회 회장/한중철학회 회장/아람청소년센터 이사/독서문화연구원 부설연구소장

주요 논저
≪네오 에듀케이션－시대정신에 부합하는 교육학 창조≫≪한국교육 무엇을 고민해야 하는가≫(1·2),
≪한국교육사의 통합적 이해≫, ≪교육철학≫, ≪교육철학 및 교육사≫, ≪교육과 학습≫, ≪수기, 유가
교육철학의 핵심≫, ≪유교의 교육학 체계≫, ≪율곡 이이의 교육론≫, ≪세계 종교의 교육적 독해≫,
≪톨스토이의 서민교육론≫, ≪존 듀이 교육학의 원류를 찾아서≫, ≪사서－한글 논어/맹자/대학/중용≫
(역), ≪논어의 지평≫, ≪배려≫, ≪관자≫(공역), ≪주역절중≫(전12권, 공역), ≪논어집주상설≫(전
10권, 공역), ≪대학장구상설≫(전3권, 공역) 외 100여 편.

연구 관심
고전(古典)의 현대 교육학적 독해

이메일: sudang@korea.ac.kr

시대정신을 고려한 교직의 철학과 적성
– 교직에 적합한 인성·적성이 별도로 존재하는가? 그 탐색을 위한 워크북 –

초판발행   2020년 2월 1일
중판발행   2021년 3월 10일

지은이   신창호
펴낸이   노 현

편 집   배근하
기획/마케팅   노 현
표지디자인   조아라
제 작   우인도·고철민

펴낸곳   ㈜ 피와이메이트
            서울특별시 금천구 가산디지털2로 53 한라시그마밸리 210호(가산동)
            등록 2014. 2. 12. 제2018-000080호
전 화   02)733-6771
f a x   02)736-4818
e-mail   pys@pybook.co.kr
homepage   www.pybook.co.kr
ISBN   979-11-6519-037-8 93370

정 가   14,000원

박영스토리는 박영사와 함께하는 브랜드입니다.